# 与世界对话
# 浙里启航

## ADVANCE
### STARTING AT ZHEJIANG UNIVERSITY

郭文刚　徐国斌　郑尧丽·编著

ZHEJIANG UNIVERSITY PRESS
浙江大学出版社
·杭州·

**图书在版编目（CIP）数据**

与世界对话：浙里启航 / 郭文刚，徐国斌，郑尧丽
编著 . -- 杭州：浙江大学出版社，2024.4
ISBN 978-7-308-24541-8

Ⅰ . ①与… Ⅱ . ①郭… ②徐… ③郑… Ⅲ . ①大学生
－素质教育－研究－中国 Ⅳ . ① G640

中国国家版本馆 CIP 数据核字（2023）第 251351 号

**与世界对话：浙里启航**

郭文刚 徐国斌 郑尧丽 编著

| | |
|---|---|
| **责任编辑** | 李海燕 |
| **责任校对** | 董雯兰 |
| **责任印制** | 范洪法 |
| **装帧设计** | 雷建军 |
| **出版发行** | 浙江大学出版社 |
| | （杭州市天目山路 148 号 邮政编码 310007） |
| | （网址：http://www.zjupress.com） |
| **排　版** | 杭州棱智广告有限公司 |
| **印　刷** | 杭州宏雅印刷有限公司 |
| **开　本** | 710mm×1000mm　1/16 |
| **印　张** | 12.25 |
| **字　数** | 230 千 |
| **版 印 次** | 2024 年 4 月第 1 版　2024 年 4 月第 1 次印刷 |
| **书　号** | ISBN 978-7-308-24541-8 |
| **定　价** | 79.00 元 |

# 前　言

进入 21 世纪第三个 10 年，世界百年未有之大变局加速演进，国际经济秩序和全球治理体系正在转型发展，世界正面对一个更加强大、开放、包容的中国，中国则面对一个机遇与挑战并存的世界。中国坚持走和平发展道路，致力于推动构建人类命运共同体。面向未来，世界需要的是以天下为己任，深度参与，推动文明对话和交流互鉴的使者。青年是祖国的未来，必须积极引导广大青年理性看待世界格局的发展，不断加深对中国与世界关系的认识，思考、探索和参与中国与世界的良性互动，引导青年厚植家国情怀，拓宽国际视野。

建设世界一流大学需要源源不断培养拥有国际视野和国际格局的拔尖创新人才。浙江大学是一所特色鲜明、在海内外有较大影响的综合型、研究型、创新型大学。学校全面贯彻党的教育方针，落实立德树人根本任务，着力培养德智体美劳全面发展、具有全球竞争力的高素质创新人才和领导者。

2020 年 6 月，学校党委学生工作部、求是学院围绕学校的人才培养目标，联合浙江大学学生国际化能力培养基地成立浙江大学本科学生国际素养提升中心，致力于建设以"学生成长为中心"的卓越教育体系，从人格、素质、能力、知识四个维度出发，充分利用校内外的优势资源，设计国际化能力提升的系统性课程和培训方案，开设"国际素养提升"训练营，用理论指导实践，以实践促进平台建设，帮助学生增强国际视野下的团队管理和实践能力。"国际素养提升"训练营的探索与实践已成为浙江大学培养学生全球视野和国际格局的重要载体。

本书是对 2020—2023 年"国际素养提升"训练营丰富内容的生动纪实，内容涵盖跨文化沟通能力、青年领导力、国际理解力和文化传承力、国际政治素养和国际知识积累等方面的课程，还包含跨文化交流、中国传统文化、孔子学院、"一带一路"建设、中国对外教育援助、国际农业减贫事务、全球气候治理等方面的案例分析和社会实践，以促进学生在理论学习和社会实践中成长成才。

深化拔尖创新人才的国际素养教育，提升学生的国际视野和全球竞争力，将是学校长期努力的方向。我们大力推动学生国际素养提升中心建设，希望学生不仅具有卓越的专业知识和技能，作为新时代的青年更加具有广阔的国际视野、全球化的工作能力和高尚的精神境界，在走向国际舞台中讲好中国故事，坚定文化自信，更加开放、自信地与世界对话，展现构建人类命运共同体的青春担当，携手创造人类社会更加美好的未来。

# UNDERGRADUATE
# GLOBAL COMPETENCE
# CENTER CAMP

123

2020-06-30

浙江大学本科学生国际素养提升中心
成立仪式

2020-06-30

第一期本科学生国际素养提升训练营

2021-06-05

第二期本科学生国际素养提升训练营

2022-06-27

第三期本科学生国际素养提升训练营

我愿意用"镜"的概念来形容国际素养。首先，它是一架望远镜，具备出色国际素养的人，更容易窥见广袤的星河，遍历人类所生存的地球上正在发生的事件，因而能以更综合、更全面的思维去看待人类生存与发展之种种要害，并寻求共同的答案；其次，它是一台显微镜，助人以更为敏锐的视角，切入纷繁交错的时局，剥茧抽丝，寻找真正的病因；最后，它也是一面等身镜，置身于飞速发展的社会，我们常需要追问自己：我真实的形象应当是怎样的，我究竟扮演着怎样的角色……同时，国际素养也是我们手中的话筒，借助它，我们交流、沟通、合作的意向能够传遍世界，而不至于湮灭在隆隆噪声之中。手握话筒，我们也应当理智地思考，要以怎样的方式、发出怎样的声音。这样的一门艺术，值得我们用一生去探索并践行。

——李祎哲

此次暑期社会实践于我而言，不只是纯粹的调研，更进一步提升了我对十多年来国家改革发展的认识水平，领悟到在当今全球化的大时代背景下，作为一名求是学子，我应当不断拓宽自己的国际视野，关注时事热点，聚焦国家战略，从而更好地服务社会。在学好专业知识的基础上，我们要不断提升主人翁意识，将理论与实践相结合，努力成为一名具有全球视野和家国情怀的高素质创新型人才。

——吴易勋

本次训练营虽为国际素养提升培训，但处处的落脚仍是祖国。第一天便有中国传统文化讲座，在老师幽默风趣的讲述中，五千年底蕴的文化生动而活泼。无论是全球竞争力提升，还是跨文化沟通，都体现着我们对祖国及其传统文化的热爱与担当。国家与个人是密不可分的整体。对于我们，国家就是一艘船。这艘船，载我们穿过漫长的岁月。岁月不会倒流，前方永远是陌生的水域，但也正是因为乘坐在这艘坚固而熟悉的船上，我们才拥有安心的力量。四周时而风平浪静，时而波涛汹涌，但只要这艘船是牢固的，一切都会化为美丽的风景。人世命运莫测，但与这个好的国家为伴，莫测的命运仿佛也不复可怕。从境外国人收到的抗疫礼包、撤侨时被骄傲展示的中国护照……我们可以看到，祖国始终是身后坚固不移的墙壁。而中国作为世界第二大经济体，如今的重点是增强话语权，传播好中国声音，讲好中国故事。在此次疫情中，更是体现出发出国家声音的重要性。当我们哑口时，便只剩下他人推特上意味不明的"China"。而继续传播好中国声音，讲好中国故事，发出祖国最强音的任务，将是我们这一代义不容辞的责任。

——何旻晏

上课的每位老师各有各的风采。我在中学阶段就接触过简单的区域国别的概念，知道不同区域间的宗教信仰、文化传统、政治经济、意识形态等都是不同的。赵可金教授让我更深入了解了这个概念以及各区域比较典型的差别。正因为有差别，跨文化沟通就显得十分重要和必要。全球胜任力，正是我们所要培养的东西。个人印象最深的是余潇枫教授和张应杭教授的讲座。非传统安全的概念很有意思，这对理解一些时政热点问题如中美关系、乌克兰局势等很有意义，可以让我从不同的角度去理解这些问题。张应杭教授具有一种儒家文化渲染下的学者风范。中学阶段的语文老师就强调过儒、道、佛的中华传统思想的重要性。中国人深受儒、道、佛文化体系的影响，在外交上也必然展现出儒、道、佛文化的风采。现在一直在谈文化自信和中华优秀传统文化的批判性继承和创新性发展，而在这个国际素养提升训练中，立足于自身的文化，学习好自身的文化是必要而且必须的。

——占碧杏

# 1.2 培养方案

　　国际化素养由世界文明知识、外语技能、有效的跨文化沟通能力、全球化的行为能力、世界公民意识、态度和价值观等维度构成。国际素养中心围绕学校具有全球竞争力的高素质创新人才和领导者的人才培养目标，从人格、知识、能力、素质四个维度出发，涵盖理论和实践两个方面，进行国际化能力提升的系统性课程和培训实践的设计，用理论指导实践，以实践促平台建设，通过开展各级各类活动推动辅导员和学生国际素养的提升。

　　大学乃大师之谓，本次活动中最大的收获，莫过于现场聆听了一场场明哲启智的学术盛宴。赵可金老师、李佳老师的讲述，让我对区域国别学与国际政治的认知更为开阔而深入，更能洞悉时代新格局和全球化过程中的机遇与挑战；张应杭老师援道入世的理念传授，则让我看到了中国传统优秀文化在当代语境下的独特价值；李媛老师、余潇枫老师的循循善诱，为我们展现了一名勇担时代责任的浙大学子应当具有的领袖风范和全球胜任能力；朱晓宇老师和新东方的老师的讲授则提供了提升英语思考和演讲能力的绝妙法门……这一场场的学术盛宴让人如海边拾贝，步步留恋，举目皆是所得。

——李佳彦

# 目 录  CONTENTS

# 1. 浙江大学本科学生国际素养提升中心

# UNDERGRADUATE GLOBAL COMPETENCE CENTER, ZHEJIANG UNIVERSITY

## 1.1 中心简介

　　浙江大学本科学生国际素养提升中心是由党委学生工作部、求是学院、浙江大学学生国际化能力培养基地联合成立的国际化素养拓展平台。中心开设"国际素养提升"训练营，旨在培养学生心怀"国之大者"，奋力"走在前列"的全球视野和国际格局，增强文化自信，提升国际理解能力和全球竞争力。

# 学生国际化素质提升模块

结合自身实际，浙江大学本科学生国际素养提升中心主要从责任担当、人文底蕴、交流合作、实践创新等方面提升学生的综合素质。基于国际素养的构成，国际化素养提升的课程目标和内容设计将遵循跨学科、显性与隐性课程相结合、学生心理顺序与知识逻辑顺序并重等原则，知识内容涵盖"全球文明类""跨文化能力类""中国问题类""国际性和全球化问题类"等领域。

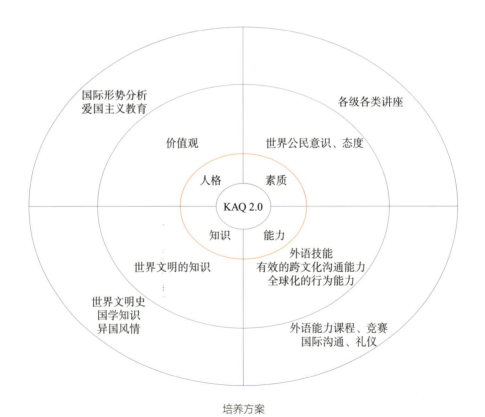

培养方案

## 责任担当

国际形势分析

国内问题解析

爱国主义教育

## 人文底蕴

认识与实践多国文化

强调以人为本，彰显人文关怀

"和谐世界"理念

## 交流合作

拓展国际交流项目，选派学员赴世界一流高校交流学习。

整合校内外资源，邀请校友、国内外知名专家学者、国家相关部委和联合国等国际组织官员进行讲座教学。

## 实践创新

组织培训学员积极参加校内外的各类竞赛活动，如外语演讲比赛、模拟联合国大赛、外语阅读竞赛等。

协同"国际组织精英人才培养计划"（国精班），组织选拔学员参加国际组织实习项目等。

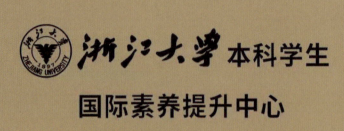

## 辅导员工作室

### 提升辅导员的国际交流能力

**走出去:**搭建、拓展实践平台,组织辅导员到世界一流高校进行学习。

**请进来:**加强与国内外高校相关机构的交流协作,组织工作研讨会等活动,促进交流,提高学校知名度。

### 加强辅导员国际化素养培训

**国学知识讲堂:**通过国际沟通、国际礼仪、外语写作及阅读等相关课程,培养辅导员的民族情怀。只有尊重和认同本民族文化,才能尊重和理解不同民族、地域和国家的文化。

**异国风情课堂:**国外风土人情的相关介绍。

### 坚定文化自信,尊重文化多样性

提升文化理解力,包容多种文化差异。

### 加强理论研究

鼓励辅导员进行学生工作国际化研究,形成对外交流的相关调研报告。

# 1.3 中心展望

### （一）助力学生素质提升

　　在吸收中国传统德育精华的基础上，充分利用校内外的现有资源优势，加强国际交往，拓展国际视野，综合提升学生的国际素养与能力。

### （二）推动师资协同成长

　　国际素养中心由学工部牵头，院系教师和辅导员共同参与构建。各育人主体在帮助学生成长、增强团队管理和实践指导能力的同时，提升自身的国际化素养，与学生共同成长。

### （三）促进跨文化交流理论研究

　　项目参与人员将从通过培训提升学生国际素养的实践研究中提炼典型案例、总结普遍规律，进而形成一定的跨文化理论，用于指导完善课程的设计开发。

# 1.4 讲师介绍
INTRODUCTION OF LECTURERS

## 张宁

浙江大学兼任教授、国家留学基金管理委员会原副秘书长。曾任中国驻瑞典大使馆教育参赞、教育部国际合作与交流司司长助理兼出国留学工作处处长、中国驻旧金山总领馆教育领事。获北京大学原子核物理专业学士、中国科学院声学所语音识别专业硕士和中国人民大学社会学理论和方法专业博士学位。

# 赵可金

教授、博士生导师、复旦大学国际关系与公共事务学院法学（国际关系）博士、国际胜任力培养专委会学术委员会副主任、清华大学社会科学学院副院长、全球共同发展研究院副院长、习近平外交思想研究中心主任等。兼任中国国际关系学会常务理事、中华美国学会常务理事、全国高校国际政治研究会常务理事、共青团中央全国青年外交院校联盟理事、教育部区域国别研究基地专家委员会委员、中国人民争取和平与裁军协会理事、金砖国家智库联盟中方理事会专家委员会副主任等学术职务。主要研究领域为外交学、中国外交、区域国别学和全球治理。

# 余潇枫

哲学博士、浙江大学公共管理学院教授、博士生导师。哈佛大学、牛津大学、中国社会科学院高级访问学者。现为中国高校国际政治研究会常务理事、浙江大学非传统安全与和平发展研究中心主任、浙江大学全球领导力研究中心主任。著有《哲学人格》《人格之境：类伦理学引论》《比较行政体制》《国际关系伦理学》《非传统安全概论》《非传统安全与公共危机治理》等。在《中国社会科学》《中国社会科学文摘》《世界经济与政治》等杂志发表"安全哲学新理念：优态共存""认同危机与国家安全""非传统安全的边界、语境及范式"等论文多篇，课题项目涵盖国际组织研究、安全哲学研究、非传统安全理论研究、非传统安全与公共危机管理研究、中国非传统安全应对能力建设研究等。

# 余逊达

浙江大学公共管理学院教授、博士生导师、全国政治学会理事、教育部政治学教学指导委员会成员、浙江省政治学会秘书长。研究方向为比较政治、民主理论、政体设计、中国政治发展和治理理论。开设的主要课程有美国政府与政治、现代化与政治发展、治理理论与制度分析、国际政治经济学等。主编、独著、合著、翻译著作、论文、教材等共 50 余本。主要从事民主理论与实践、治理理论与制度分析等问题的研究。

著有：《法治与行政现代化》（主编，中国社会科学出版社 2002 年 10 月），"*Establishing a Democratic and Stable Constitutional Order in China*" [ Critical Issues in Cross Public Administration（第 17 届国际政治学大会论文选），edited by Stuart S. Nagel. Westport, Connecticut（US），London（UK）: Quorum Books, 2000 ]。主持了"新中国的第一部宪法和宪法秩序""中国民间对中美关系现状的评价"等省级重点项目、一般项目、"五个一"工程项目、国外境外合作项目及教改共十余项。

# 张应杭

　　曾在浙江大学担任哲学教研室主任、系主任助理、系主任、人文学院副院长等职，曾获浙江大学本科教学一等奖、浙江大学亿利达优秀教师奖、浙江省优秀青年教师奖等荣誉。现为浙江大学马克思主义学院马克思主义基本原理概论教研中心教授。除了主要承担哲学和伦理学的教学外，还应聘兼任清华大学、复旦大学、中山大学等国内多家高校管理学院 EMBA 课程特聘教授，主讲"管理哲学""企业伦理"等课程。立足学校教学的同时，还在上海大众、大庆、格兰仕、美的、红蜻蜓、得力西、中策橡胶、西子奥的斯、浙江移动、山东电信等 30 多家企业做过培训，颇受好评。此外，还在杭州电视台主讲《应杭说道》。

　　作为课题负责人，曾经承担过国家社科青年基金项目"当代大学生道德理想及教育研究"等多项课题研究。主要代表著作有《人生哲学论》《人生美学导论》等 10 余部，并在《哲学研究》《自然辩证法通讯》《学术月刊》《浙江大学学报》《人民日报》以及《中国教育报》等国内报刊上发表学术论文 70 多篇，迄今为止已在海内外公开发表著述 350 多万字。

# 李媛

外国语学院教授、博士生导师。教育部外国语言文学类专业教学指导委员会德语分委员会委员、全国德语教师发展中心负责人；浙江大学亚欧语系主任、德国文化研究所所长、德国学研究所所长；浙大国际组织精英人才计划（国精班）负责人、学生国际化能力培养基地秘书处主任；主要研究方向为德语应用语言学、跨文化研究等。主持和参与课题 30 余项，出版专著 4 部、编著 9 部、译著 10 部，主编或参编教材 9 部，在国内外重要学术期刊发表论文百余篇，《新启航德语 C1-C5》系列总主编、德语本科专业金课教材系列（国家十一五规划）总主编、《国际组织与全球治理》丛书（联合）总主编。获普通高等教育精品教材、浙江省十二五规划优秀教材、浙江省青年社科优秀成果奖、浙江省高等教育教学成果奖一等奖、浙江省社会科学成果奖二等奖、浙江省首届高校教师教学创新大赛"课程思政"专项大赛一等奖等奖项。

# 何善蒙

现为浙江大学哲学学院教授、博士生导师，兼任浙江省哲学学会理事兼副秘书长、浙江大学中国思想文化研究所副所长、浙江大学佛教文化研究中心副主任、浙江省民俗文化促进会秘书长兼法人等。目前主要从事中国哲学史、中国民间宗教的教学与研究工作。

# 徐雪英

　　浙江大学唐立新教学名师、外国语学院副教授，现任浙江省翻译家协会副秘书长、浙江大学翻译学研究所副所长、中华译学馆副秘书长、"浙江大学学生国际化能力培养基地"秘书处发展规划部部长。

　　从事翻译理论与实践、全球胜任力培养的教学与研究工作，曾获浙江省优秀翻译工作者、浙江大学"优质教学奖"一等奖、浙江大学教学成果奖一等奖和浙江省教学成果奖一等奖等荣誉。指导学生在外交部、全国人大等国家重要部委从事口译、笔译等工作，并推送学生赴纽约联合国总部、联合国粮农组织、世界粮食计划署、国际劳工组织、世界卫生组织等国际组织工作与实习。

　　承担国家社科基金、国家高端智库重点研究课题、浙江省高等教育"十三五"教学改革研究项目、浙江大学课程思政建设项目等 10 余项，发表一级期刊等论文 20 余篇，出版专著和译著多部。

　　担任"国家'十三五'时期文化发展改革规划纲要"国家重大出版工程，浙江大学"十三五"规划《中国历代绘画大系》的《元画全集》部分、《明画全集》、《清画全集》、浙江大学建校 120 周年献礼之作《浙大图史》首席翻译。此外还承担了浙江省文博系统主要博物馆展陈文本和文物、浙江大学校史馆、本科生院、研究生院、教育基金会、国际合作与交流处各主要部门等外宣材料的翻译工作，翻译字数达 200 万字。

## 李佳

　　管理学博士、副教授。浙江大学学生国际化能力培养基地秘书处执行主任、浙江大学跨文化与区域研究所副所长。长期从事非传统安全、人类安全、国际组织及相关公共政策的研究。在《世界经济与政治》《国际展望》等期刊发表论文多篇；翻译有《人的安全：概念及应用》《全球转型：历史、现代性与国际关系的形成》；专著有《人的安全：理念、评估与治理模式重塑》(2022年出版)、《国际组织概论》(2022年出版)；参与主编《中国非传统安全蓝皮书》等；主持有国家社科基金一般项目、国家社科基金重大招标项目子项目、国家自然基金应急专项子项目等，主持有省部级教学改革研究项目、省级一流课程、课程思政。近年来获得省部级科研奖项2项，浙江省教学成果奖一等奖（排名第5）1项。

## 方富民

　　浙江大学外国语学院大学外语教学中心主任。主要研究方向为英语教学和教材编写。主持国家级一流课程1门、省级一流课程2门、省级课程思政示范课程1门，编写国家级规划教材30余本，其中编写的《新编大学英语》(第四版)综合教程1荣获首届全国教材建设奖（高等教育类）。曾荣获浙江大学永平奖教金杰出教学贡献奖、浙江省优秀青年教师、浙江大学最受欢迎老师等荣誉称号。

## 朱晓宇

　　浙江大学英语演讲与辩论竞赛指导教师、"外研社杯"英语演讲大赛 2017 年全国季军、2018 年全国季军、2019 年全国亚军、2021 年全国冠军及季军指导教师、2022 年全国季军、2023 年全国金奖。

## 吕悠加

　　毕业于美国爱荷华大学。曾在杭州新东方学校任国际教育事业部雅思教师，在浙江师范大学、浙江金融职业学院担任选修课外聘教师。现在浙江新东方学校国际教育培训部任雅思听口教研组长。雅思总分 8.5 分（听力阅读双满分，口语 8 分），任新东方集团教研员、雅思口语评分员，获剑桥大学英语教学能力证书（TKT）。

## 原远

　　阿里巴巴东南亚 Lazada 高级副总裁，现在负责中国电器数码品牌出海和印尼商城业务，之前在阿里负责国际化战略，包括引入 Apple 品牌到天猫以及阿里巴巴奥运赞助项目，清华管理学硕士及欧洲工商管理学院 MBA 学位。

# 2. 浙江大学本科学生国际素养提升训练营

浙江大学本科学生国际素养提升训练营以培养具有全球竞争力的高素质创新人才和领导者为目标，开设了一系列理论课程，由学校相关院系、国际化能力培养基地等部门领军人物组成的专业师资队伍授课，涵盖民族文化身份认同、语言沟通能力、国际形势和国际关系、多元文化交流、非传统安全和地域分析等内容。学员以小组为单位成立工作坊并进行成果展示。

# —— 2.1 理论课程展示

训练营以德智体美劳全面发展为中心，依托培养具备全球竞争力的高素质创新人才和领导者的育人理念，展开了一系列理论课程，内容丰富多彩，发人深思……

## 全球胜任力（竞争力）
### GLOBAL COMPETENCE

经合组织 2017 年发布的"PISA（国际学生评估项目）全球胜任力框架"，是指青少年能够分析当地、全球和跨文化的问题，理解和欣赏他人的观点和世界观，与不同文化背景的人进行开放、得体和有效的互动，以及为集体福祉和可持续发展采取行动的能力，具体包括知识、技能、态度、价值观四方面内容。

**具有全球竞争力的中国人
需具备的能力素养:**

STEAM 能力

外语能力

自主行动

自我规划

负责任的行动

高阶思维能力

批判性思维和问题解决能力

沟通能力

合作能力

创造力和创新能力

身份认同

文化认同

国家认同

国际理解

# ■ 2.1.1 跨文化沟通能力

# 吕悠加

## 多元文化背景下的英文演讲：用西方逻辑讲中国故事

在跨文化交流中，偏见与误解是非常常见的现象。由于历史、文化与语言的不同，不同国家、不同民族的人们，在认知模式和思考模式上有着许多细小而影响深远的差异。这些差异经常积小成大，最后导致种种的不理解，甚至争端。但是作为中国故事叙述者的我们，与其抱怨他人对自己无法理解，还不如转身思考和学习如何通过更加普适的、易懂的叙事逻辑来讲述自己的故事。

本次课程由新东方讲师吕悠加主讲。他基于TED经典的"黄金圈"视频逻辑，结合培训行业版权课程"魔力演讲"的内容，经过独特的加工与再创造，创造出了一套非常契合西方逻辑的中国人叙事思路。吕悠加老师在课程中解释了中西方思维差异，讲解了三大叙事逻辑，并通过小组合作展示帮助学生练习。

课程中，吕老师不断提出新问题，而同学们也纷纷接招。在与组员、讲师的共同讨论中，大家各抒己见，一同感受不同语言逻辑的奇妙之处。

# 朱晓宇

## 英语演讲的长期与短期训练

英语是世界上最为通用的语言之一。英语语言能力是国际素养的一项基本技能。那么我们如何更好地利用英语来实现自我表达？

外语学院朱晓宇老师让同学们领略英语演讲的魅力，学习如何用英语做公共演讲，如何在国外讲述中国故事。他鼓励同学们一定要勇于表达自己的想法，要摒弃为了不出丑而放弃表达机会的消极想法。作为初学者，我们不奢求所讲的内容能吸引所有人，也不奢求讲一个全新的观点，我们的最高目标仅仅是讲出自己内心真实的想法，赢得听众的信任。

讲座旨在提高参与者的长期和短期公众演讲能力。长期能力建设关注演讲者对演讲题材的挖掘和收集。通过小组讨论和点评，朱晓宇老师指出演讲者需要善于观察，通过身边令人产生感触的人和事提炼自己的想法，以小见大，发掘与预期受众的共情；此外还需要养成追踪新闻时事、记录并思考社会议题的习惯，以扩大自己的知识面，找到更多的演讲材料和切入点。短期能力建设关注演讲者根据场合、领域的需要以及受众预期迅速组织演讲的能力。通过小组活动与展示，在场师生共同讨论如何在限定时间内确定内容并依据时长要求合理安排演讲框架，敲定合适的开头和结尾并最后打磨语言。

# 方富民

## 英语写作（全英文）

外语学院方富民老师带同学们走进英语写作之门。方老师详细介绍了说明性写作、描写性写作、叙事性写作、说服性写作等四种写作形式；讲述了英文文章的结构问题，例如开头、过渡和结尾的写法；更是详细地展示了描述、比较、关联、分析、应用和论证等英语写作方法。最后，方老师总结认为"好文章应该是具有众多优点的集合"。

# 2.1.2 青年领导力

# 张宁

## 未来国际化人才要求和培养

浙江大学兼任教授、教育部国家留学基金委原副秘书长张宁从改革开放以来国际化人才培养、未来国际化人才目标要求、如何培养或成为未来国际化人才三个板块开启本期训练营的第一场授课。

中国的国际化人才培养在不同发展阶段有不同要求，2015年以来尤其重视全球化人才培养。全球化人才培养要求我们具有全球视野，通晓国际规则，具备发起全球议题、制定全球规则的能力，但是我国在此方面仍有较大提升空间。对此，张宁教授指出，为了更好地成为国际化和全球化人才，青年学子要培养以下六个方面的能力：一是全球视野，二是国际可迁移能力，三是尊重多样性的能力，四是有效沟通能力，五是协同合作能力，六是领导管理能力。

张宁教授结合具体案例，讲解深入浅出，引发同学们积极思考和提问。同学们就中国教育培养体系的特点、如何讲好中国故事等问题展开热烈讨论。张教授最后表示，中国的国际化人才培养是一个历史发展过程，当前阶段既具有挑战性，也有广阔前景，希望同学们从自身做起，勇敢承担时代使命。

# 国际化人才培养阶段要求

| 1 | 现代化建设人才 |
| 2 | 国际化人才培养 |
| 3 | 全球化人才培养 |

# 祖良荣

## 联合国可持续发展目标与青年领导力

原联合国国际劳工组织国际培训中心项目官员、全球青年领导力项目（GALY）创始人祖良荣老师结合丰富的理论模型和生动的案例分享，给同学们作了主题为《联合国可持续发展目标与青年领导力》的线上报告。

祖良荣老师指出中国的青年如果能参与推动可持续目标的实现，将会为世界树立良好榜样。青年强则世界强，要推动青年学子为可持续发展目标贡献力量，让青年改变世界，首先从培养"国际专业人士（Global Professionals）"开始，进而培养"全球青年领袖（Global Youth Leaders）"，再进一步培养青年成长为"企业家型领袖（Entrepreneurial Leaders）"，最终实现联合国可持续发展目标。祖老师强调，青年学子要重视培养个人基本素质。他从"3C"即"Competence（能力）""Character（品格）""Connection（人脉）"讲起，建议青年人要不断锻炼能力（Competence）、锤炼品格（Character）、积累人脉（Connection），成为"全球青年领袖（Global Youth Leaders）"；再进一步培养"3H"即"Head（头脑）""Heart（社会责任感）""Hand（执行力）"，成长为"企业家型领袖"。领袖是一种综合素质和影响力的代表，而非一种职务，要成长为企业家型领袖人物，需要改变思维模式，关注社会利益。

祖老师细致解释了"领导"和"领导力"的内涵，并对"领导力（Leadership）"中的"E"做了四个层面的延伸阐释，包括"Egolessness""Emotional intelligence""Empathy""Excellence"，强调领导者要忘却自我利益，保持同理心，不断听取建议，学习新知识，所谓"知人者智，自知者明"，一位高情商的领导既要了解自己（Self-awareness），也要了解别人（Social-awareness）。最后，祖老师寄语青年学子，要不断培养责任心，勤奋努力，关注未来，致力于成为德才兼备的全球青年领袖。

# 2.1.3 国际理解力

# 赵可金

## 区域国别理论

　　本次课程由国际胜任力培养专委会学术委员会副主任、清华大学社会科学学院副院长赵可金教授主讲。该课程主要考察对中国有重要影响的国别和地区，致力于为学生提供一个全覆盖的世界视野，课程内容包括三部分：一是大国研究，涵盖了俄罗斯和欧亚地区、美国和北美地区、欧盟和欧洲地区，考察大国的基本国情和战略走向及其对中国的意义。二是周边地区研究，涵盖了东北亚地区、东南亚地区和南亚地区，考察中国与周边国家的互动及其对中国的影响。三是发展中国家和地区研究，涵盖了非洲、中东、拉美和南太平洋地区，考察这些地区的国家对未来的发展规划及其与中国的关系走向。

# 李媛

## 跨文化交流与 workshop 全球胜任力与跨文化沟通

　　李媛老师的跨文化沟通课程，既有专业丰富的理论知识讲解，也有生动有趣的跨文化工作坊案例实践。李老师循循善诱，引导同学们从理解沟通出发，到思考不同文化的特点，最后到跨文化沟通能力的培养，例如跨文化沟通的技巧和策略等。李老师用一个个生动的案例证明了"外语能力并不等同于跨文化能力"。

　　在跨文化工作坊中，李老师请同学们通过小组表演的形式，自主设计跨文化沟通情境，展示跨文化沟通的技巧与障碍，让同学们现场体会了不同文化背景下跨文化沟通的困难和障碍。同时，也提醒大家，在真正的跨文化沟通中，对于不同的文化个体而言，理解和沟通是我们真正实现跨文化沟通的桥梁。

新时代下，全球胜任力特别是跨文化沟通能力成为青年学生的必备素质和关键能力。讲座从全球胜任力的价值和内涵讲起，指出当今世界正面临更多的动荡和不安，全球化的进退和全球治理的滞后给世界带来新的不确定性。国际组织是中国践行多边主义，构建人类命运共同体的重要平台。加快培养和输送国际组织人才，才能构建起全球治理中的中国话语体系，更好地在国际舞台上发出中国声音。讲座分析了国际公务员需要具备的核心价值与核心能力，特别引出在诸多核心能力中，跨文化沟通能力扮演着至关重要的角色。讲座进而引入沟通、文化以及跨文化的基本理论和模型，解析各国文化差异，辅以实际跨文化冲突案例，引导学生提高跨文化敏感度，学习跨文化策略，提升跨文化能力，善于从第三文化空间视角来反思自我与他者，平等不失礼节地与具有多元文化背景的人交往，在工作、学习和生活中汲取多元文化精髓，实现跨文化学习。最后，讲座结合浙江大学国际组织人才培养的成功实践，报告了对全球胜任力与跨文化沟通运用与成效的体会与思考，鼓励青年学子将个人理想与民族复兴、世界和平紧密结合，成长为具备家国情怀、国际视野和专业本领的高素质国际人才，肩负起时代使命，服务于国家战略，投身于全球治理。

# 余逊达
## 中国外交——如何认识中美关系（全英文）

　　公共管理学院的余逊达老师是国际政治领域的权威专家。他的课程"中国外交——如何认识中美关系"内容宏富、思考深邃、观点鲜明，让人茅塞顿开。余老师从十个问题出发，带领大家全面理解美国；再从百年变局的大视野中理解中国的崛起与中美之间的角力；进而，从中美关系的历史出发，对中美关系进行重新定位，旗帜鲜明地提出中国该怎么做，让同学们在历史与现实之间找到了理解世界格局的钥匙。

# 李佳

## 国际政治与中国外交

外国语学院的李佳老师从不断增多的"黑天鹅"事件讲起，介绍了国际政治的基本分析单元，如全球化、主权、国际冲突等，又从国际视角审视中国国际角色的生成，指出百年以来中国的形象经历了从"受压迫者"到"负责任大国"的转变，"负责任大国"展示了中国的大国视野和大国胸怀。随后，李老师从"体量规模""超大社会""红色社会""动感社会"等角度阐释了当前中国的国情。她认为中国正面临百年未有之大变局，中国的新外交要把握新机遇，应对新挑战，不断促进与世界的深度融合，建设"仁智大国"。她激励在座的青年学子，打铁还需自身硬，要恰当理解"百年巨变"的命题，不卑不亢，稳步前行，创造性地介入国际事务并发挥应有作用。

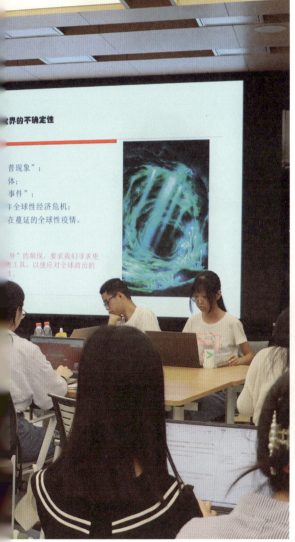

"国际政治与中国外交"课程包括了国际政治的新趋势、中国的国际角色、中国外交的机遇和挑战三部分内容。

课程开篇提出"战略意外"的频现，要求我们寻求更多的思考工具，以便应对全球政治的不确定性。进而，从国际政治演化的新趋势切入，提出国际政治既呈现出"国家间"（international）的特质，又呈现"multiple-actors"（多要素、多角色）的趋向。

第二部分重点阐释了中国的国际角色，即"从世界看中国"，国际社会中的中国是一个什么角色？课程从历史、现状和未来展望三个层面讲述了中国国际角色的演变。

第三部分重点讲述了在国际政治演化的新趋势下，面对我国新的国际角色及其发展趋向，我国外交所面临的机遇和挑战。

# 余潇枫

## 非传统安全面面观

　　非传统安全是相对于传统安全而言的，当下的国家安全已经不再是仅仅以军事安全、政治安全为主体的安全，还包括诸如经济、社会、环境、文化、信息等更为宽泛的内容和领域，即安全问题正经历着一个从传统安全到非传统安全的发展过程。

　　除了"传统"的安全，"非传统"的安全更多地与风险、危机、紧急状态、日常生存性威胁相关联，更多地与自然灾害、事故灾难、突发公共卫生事件和突发社会重大安全事件相关联。正是非传统安全的种种威胁对社会冲击造成的"生存性焦虑"与"主体性不安全"，使得人们陷于"危机常态化"的不安、怀疑、焦虑乃至恐惧中。正是非传统安全作为一种"广义安全"，才凸显了全球安全、国家安全、社会安全、人的安全之间的关联性与转换性。

　　本次课程从非传统安全的定义入手，进而探索传统安全与非传统安全的区别，随后合理延伸至传统安全威胁与非传统安全威胁的话题。课程氛围轻松愉快，公共管理学院的余潇枫老师鼓励与引导同学们思考问题，整个课堂笑声不断。同学们在其乐融融的氛围中皆能有所收获。以下是余老师对于非传统安全面面观的讲解内容。

非传统安全的狭义定义是"一切免于由非军事武力所造成的生存性威胁的自由"，广义定义是"行为体之间的优态共存"。"优态共存"是一个相对于"危态对抗"的概念。"优态"是安全指向的对象，是安全达成的价值性条件，表征的是具有独立身份的行为体的生存能力与可持续发展的生

存境况。"共存"是安全获得的互惠性条件，表征的是行为体追求安全的平等性与交互性。在全球体系中，无论哪一个层次的行为体，若要获得安全，其基本立场与途径都只能是通过互惠共建达到合作共赢和共优共享。

传统安全与非传统安全的最大区别是，前者以"国家安全"为中心，后者以"人的安全"为中心。非传统安全既有"广义性""复合性"与"多维性"的领域特征，也有"不对称性""不确定性""不单一性"与"不易控性"的动态特征。"非传统"是一个与"传统"相对而又动态变化着的概念，非传统安全与传统安全有着难以确定的领域边界，如非传统

安全中的民族分离主义、宗教极端主义问题都涉及政治安全领域，非传统安全中的恐怖主义问题都涉及军事安全领域。作为一个独立的概念，"非传统安全"与"传统安全"相区别。但是，作为一个动态的概念，"非传统安全"又与"传统安全"相联系、相交织、相转化、相替代。"非传统"不断地从"传统"中分化出来，却可能在未来被归入"传统"之中，而未来社会又会创化出新的"非传统"让人们去认识与把握。

传统安全威胁与非传统安全威胁相互交织是当前挑战全球安全、国际安全、国家安全、社会安全与人的安全的严峻现实，"和合主义"是应对非传统安全挑战的中国范式。"和合主义"作为一种新的安全范式，凸显了文化认同和各种认同对国家整合与国家安全的重要作用，凸显了安全威胁源转变对安全认知与安全建构的重要意义，超越了传统国家中心主义的价值立场，确立了统一内在聚合性和外在独立性的主体间认同对国家安全的价值优先性。

# 2.1.4 文化传承力

# 张应杭

## 文化自信语境下的优秀传统文化继承创新

中西传统文化对人与自然、与他人（社会）、与自身这样三重矛盾关系的解决有着截然不同的价值立场。中华优秀传统文化给出的基本价值原则可概括为：天人合一、人我合一、欲理合一。进入新时代的中国，立足当今世界和改革开放的实践，以马克思的历史唯物主义理论为指导，积极开掘天人合一、人我合一、欲理合一这三大价值原则的现代性，对其进行创造性转化和创新性发展，可以为在中国特色社会主义现代化新征程中如何坚定文化自信提供来自思想史的丰厚营养。在全球化的背景下，中华优秀传统文化还可以为全球问题的解决提供中国方案、中国路径和中国智慧。

本次课程由马克思主义学院的张应杭教授主讲。课程以文化自信与中华优秀传统文化价值开掘的关联性为主题，以马克思历史唯物主义理论为指导，借助中西文化的比较研究方法，力图梳理和概括出若干条凸显中华民族优秀文化特性的基本价值原则，从而为构筑文化自信提供若干来自思想史的智慧启迪。

# 何善蒙

## 中国传统文化——王阳明及其心学

人文学院何善蒙老师给大家带来了中国传统文化课程"王阳明及其心学思想"。何老师从阳明心学对近代中国的影响出发，让同学们领略了明代哲学家王阳明的人生经历与思想历程，包括了格竹子、龙场悟道、平定叛乱、立院讲学等传奇故事。同时，何老师用鲜活的现代语言讲述王阳明深邃的哲学思想，例如"致良知""知行合一""心外无物""四句教"等。同学们既感悟到了阳明思想的深刻美妙，也坚定了文化自信。

## 2.2 成果展示

　　训练营除了从民族文化身份认同、语言沟通能力、国际形势和国际关系、多元文化交流、非传统安全和地域分析等模块出发，提供一系列相关的理论课程，还以小组为单位成立工作坊并进行成果展示。在中心成立以来的三次训练营活动中，各小组分别尝试了跨文化交流案例呈现与分析、"让中国走向世界"实践学习与调研和中国参与国际事务案例分享（全英）三种不同的学习形式。最终，各小组展示内容充实，实践成果与案例解说形式各具特色，学员和学生代表一起为传播中国声音、增强文化自信贡献浙大学子的力量。

## 2.2.1【第一期】跨文化交流案例分析

### 志愿服务中的跨文化交流

约翰先生是一名致力于服务老年人的美国志愿服务组织负责人。为了协商未来可能的志愿合作，他先通过邮件以及电话的方式联系上了某个中国志愿服务组织的几位代表。约翰先生做了相当充分的准备，带上了详细的策划资料，以便更好地展示以及更有说服力地证明其在其他地区现有的成果与在中国的明确目标。他确信，这个策划一定能使中方拍手称赞，并能推进双方的合作意向的确定，因为他相信他们所选择的中国志愿服务组织的可靠性。

交流开始，他结合策划资料，详细介绍了如何鼓励老年人多动脑筋，例如鼓励老年人参与诸如电脑、象棋、外语等益智活动的一系列志愿服务，介绍了人员安排、意外分析与应对等一系列的问题，十分周全。然而在呈现的过程中，他察觉到他显然没有能够打动对方。在他的论述结束后，对方的一位代表就说道："约翰先生辛苦了，不过致力于服务老年人的志愿活动可能还是一些歌舞表演、志愿者陪伴比较好吧，我想您的方案可能还是……"正当他想要进一步论述这些志愿服务活动的意义时，他们的告别出乎意料地来了。约翰先生也只能一脸不解地与他们告别。这次会面以失败告终。

### 【原因分析】

#### 1. 个人主义与集体主义的区别

在中国，儒家思想一直发挥重要影响。中国人始终以自我谦抑的典型态度与他人相处，以仁义礼智信的儒家思想和道德观念作为日常生活中的行为指导思想，强调集体的力量大于个人，只有依靠集体的合作，维护集体的利益，才能获得最大的成功，而个人利益排在集体利益之后，个人利益不可优先于集体利益。因此，中华文化体现了群体的文化特征。与此不同，在西方社会的发展中，强调个人利益是行为决定的重要因素，强调个人自由意志的重要性，个人主义对个人的世界观、价值观、人生观等有着重要的影响，并且反映在政治、经济、文化、精神等各个方面。美国民众崇尚个人主义，欣赏个人属性和独立的生活方式，美国老年人也不例外。

因此，约翰先生的方案反映了老年人在美国个人主义影响下的独立性，而中国志愿服务组织代表主要考虑到中国在传统的集体主义思想影响下，如何更好地满足老年人对集体的依赖感。

### 2. 社会和经济状况的不同

目前多数的中国老年人都是 20 世纪三四十年代左右出生的，当时的中国正处多事之秋，他们无法接受高质量的教育，相对贫乏的文化素质直接影响到他们的思维方式、生活态度以及生活质量。美国相反，第二次世界大战后，经济的发展达到了前所未有的程度，大多数美国人接受了良好的教育和具有追求前卫的想法。

在美国，老年人不会被特意贴上"社会弱势群体"的标签，公众将他们与其他人群一视同仁。在招聘上，美国公司不存在年龄歧视。招聘要求中，只有要求年满 18 岁的下限，却没有上限。甚至很多时候，年纪大不是工作的劣势，反而是一种优势。AWCS 认为，年纪较大的工作人员会比年轻人拥有更高的工作满意度。在 50 岁以上的调查人群中，超过三分之二的老年男性和女性表示对自己的工作很满意，并认为他们正在做有用的事情，这样的工作满意度会比他们的工作表现更加积极。相反，中国虽然不乏任正非等很多仍然奋斗在自己工作岗位的"老年人"，但是大多数上了年纪的人总是和"退休"挂上钩，在晚年生活中，他们更希望颐养天年，或者享受天伦之乐。

社会和经济状况的不同导致了中美两国老年人生活方式的不同。美国的老年人比较喜欢年轻人，或者至少有颗"年轻的心"。为了保持身材，他们参加购物中心的竞走俱乐部、健身课程，甚至参加老年人奥运会。他们还参加继续教育以保持他们的心智技能。而在中国，大多数老年人退休后不再做全职工作，有些老年人退休后很不愉快，感到自己的生命失去了意义，感到孤独，尤其是没有孩子在周围时。美国人即使步入老年，他们仍然相信自己的能力，并尽力展示。而在中国，老年人总是对自己的能力失去信心，因为上了年纪，他们认为不能再做一些有价值的事情了，只能像保姆一样照顾孙辈。

### 3. 权力距离指数不同

美国的权力距离指数比较小，美国人即使双方年龄差异很大，互相之间的交往也是比较轻松平等的。在约翰先生的方案中老年人和志愿者之间的相处是平等的。而中国权力距离指数比美国大，坚持以老为尊，对年龄大的长辈必须怀有尊敬之心，美国人这种不同年龄层之间的交往方式在中国人看来是有些不礼貌和失礼的。中方代表所提出的"歌舞表演和志愿者陪伴"都是属于晚辈对长辈的"服务"性质的内容。

## 【建议】

### 1. 对于约翰先生

（1）提前了解差异，从而提出合适的方案。约翰先生可以进行相关的调研和文献查找，了解到中美老年人在思维方式、价值观念、行为规范、生活方式等方面的不同，根据中国老年人的情况，因地制宜地提出合适的方案。

（2）提前通过邮件、电话的形式告知方案的大概内容，通过交流了解双方的文化差异，从而对后续行动进行修改。

### 2. 对于中国志愿者组织

（1）提前了解差异，再进行协商，得出最终方案

中方代表在商谈前先了解美国老年人的生活方式，再进一步协商志愿服务的方案。比如说，可以根据服务的对象是美国老年人还是中国老年人，制订不同的服务计划，在符合老年人的生活习惯的同时学习对方的长处，比如服务中国老年人时在陪伴、看表演之余鼓励老年人保持昂扬的生活信心，继续培养技能；服务美国老年人时在进行培训服务之余也可以多一些陪伴，让老年人多和子女或亲属接触。

（2）坚持以我为主，为我所用

中国志愿者组织应该要发现约翰先生方案中的闪光点和可行性，与约翰先生进行文化交流，学习美国文化中的优秀成分，坚持以我为主，为我所用。可以尝试积极改善中国老年人的生活质量和生活状态，让中国的老年人尝试新观念，改变"养儿防老"等传统观念，开启人生新征程，去尝试新事物，感受新生活。但是这必须依靠可行的方案，并不是将中国老年人的生活完全变成美国老年人的生活，而是在坚持自身优秀的传统文化的基础上，根据时代要求，做出些许改变，以更好地提高老年人的生活水平。

（线上第 2 组）

日常交往中的跨文化交流

在网络上，李华结识了两位外国的朋友，一位是来自日本的いしがみゆう，另一位是来自美国的 Mark。三人都对彼此不同的文化十分感兴趣，决定在线下见一次面畅谈一番。见面过程中，因为三国文化不同，而产生了一些沟通上的小插曲。

## Scene One 见面

（机场，李华上前迎接刚下飞机的いしがみ ゆう。）

**李华：** 初次见面，您好。（伸出手准备握手）

いしがみ ゆう：您好。（鞠躬）

（有一瞬间，いしがみ ゆう的头碰到了李华的手。两人顿时觉得十分尴尬，连忙互相道歉。）

いしがみ ゆう：（双手递上自己的名片）

**李华：** （单手接下放入自己的裤袋，并未仔细观看）

いしがみ ゆう：请问您的名片呢？（对于李华故作轻视的行为表示不满）

**李华：** （并没有准备名片而表示吃惊）不好意思，我

并没有准备。

いしがみ ゆう：好吧，没有关系。

**李华：** 哦对了，这是我给您带的礼物，请笑纳。（双手递上礼物）

いしがみゆう：（双手接下礼物，收到包里）非常感谢！

**李华：** 招待不周，请您见谅。

いしがみ ゆう：您太谦虚了。

**李华：** 那按计划，我们去吃饭的地方吧。

いしがみ ゆう：好的，请您带路。

两人的第一次见面就在略显尴尬的气氛中结束了。

（机场，李华上前迎接刚下飞机的 Mark）

**李华**：初次见面，您好。（伸出手准备握手）

**Mark**：很高兴到您。近来如何？（伸出手与李华握手）

**李华**：哦，我很好，谢谢关心。您呢？

**Mark**：我很好。

**李华**：这是给您带的礼物，请笑纳。（双手递上礼物）

**Mark**：哦，谢谢！（接下礼物并立即打开包装）好精美！我很喜欢！

**李华**：一点心意而已，不用客气。

**Mark**：这么说来，我也给你带了一点礼物。（找到礼物，递给李华）

**李华**：哦，那太好了，谢谢！（双手接下礼物，放在包里）

**Mark**：为什么不立刻打开？你不好奇里面是什么吗？

**李华**：在中国，我们不习惯当面打开别人的礼物。

**Mark**：哦，好吧。学到了。

**李华**：招待不周，请您见谅。

**Mark**：（略显尴尬）emmm，你做错了什么？你为什么要道歉？

**李华**：没有没有，我只是说我这次准备得不太周全，没有很好地招待你。

**Mark**：啊，你可太谦虚了，已经招待得很好了。

**李华**：谢谢夸奖。那按计划，我们去吃饭的地方吧，いしがみ ゆう已经在等我们了。

**Mark**：好的，你带路吧。

## 案例分析

在中国，握手是一种沟通思想、交流感情、增进友谊的重要方式。与他人握手时，目光注视对方，微笑致意，不可心不在焉，左顾右盼。在一般社会交往中，人们往往采用招手致意、欠身致意、脱帽致意等形式来表达友善之意。在日本，见面时多以鞠躬为礼，并且对鞠躬弯腰的幅度有十分严格的规定，鞠躬弯腰的深浅不同，表示的含义也不同。日本人初次见面对互换名片极为重视。初次会面不带名片，不仅失礼而且对方会认为你不好交往。互赠名片时，要先行鞠躬礼，并用双手递接名片，以显示自己的尊重。美国人在见面时不一定会握手，常常只是打个招呼，笑一笑就行了；第一次见面时常常握手，但也有其一定的礼节。例如男女之间，女方先伸出手，若女方无握手之意，男子就只能点头鞠躬致意；长幼之间由长辈先伸出手；上下级之间，由上级先伸出手；宾主之间由主人先伸出手。而且握手时应注视对方，并摘下手套，否则会被视为不礼貌。在美国，人们见面时喜欢直呼其名，这是亲切友好的表示，纵使交谈之初可能互相用姓称呼，但过一会儿就改称名字。同时，美国人在收到礼物时，常常会马上打开，当着送礼人的面欣赏或品尝礼物，并立即道谢，尽管这在中国人看来并不礼貌。建议在第一次见面之前率先了解他国的社交习惯，在见面时观察对方的行为，做出较为合适的应对措施。在国际交往中，由于中外文化交流牵涉面甚广，因而涉及国际惯例的内容也极其丰富。只有不断了解掌握基本的涉外礼仪常识，才能不断增进友谊，加强互利互信，深化中外文化交流。

## Scene Two 用餐

（火锅店）

**李华**：非常欢迎二位能够加入我们部门，从今以后，我们就是同学、朋友和合作伙伴了。当然，在以后的活动

工作中，还要靠二位的多多支持，大家吃好喝好啊。

**いしがみ ゆう：**多谢李部长了，以后还要请李部长多多关照。我刚来没多久，还没怎么吃过这个……

**Mark：**火锅。

**いしがみ ゆう：**对，火锅。我们那里吃的一般都是凉的东西，这样直接把锅子放在桌子上倒是有点新奇。

**Mark：**我来中国两年了，发现中国人真的什么都吃。在火锅里面，什么都能加，牛肉、羊肉、鸭掌、血旺、海鲜、蔬菜，甚至猪脑子。

**いしがみ ゆう：**我们今天不会也有这么奇奇怪怪的东西吧，我可吃不下去。

**李华：**放心好了，怕你们吃不惯，就点了一些普通的肉类和蔬菜。看看这些"奇奇怪怪"的东西，你们自己点好了。
（いしがみ ゆう接过菜单，瑟瑟发抖，合上菜单。）

**いしがみ ゆう：**之前我听说广东人什么都吃，连福建人都吃，是真的吗？

**李华：**哈哈哈哈哈哈哈，那只是网上的一个梗罢了，广东人虽然食谱宽一点吧，也不至于真的去吃人。不过倒是有一点，他们好像不咋爱吃狗肉。

**Mark：**什么？狗肉？

**李华：**狗肉，怎么了？有什么问题吗？

**Mark：**人怎么可以吃狗，狗可是人类的朋友。

**李华：**啊？你刚说中国人什么都吃，我还以为你知道。人怎么就不能吃狗了？

**Mark：**狗可是人类的朋友，导盲犬、搜救犬，为人类作了多少贡献。

**李华：**那你吃肉吗，Mark 先生？难道猪牛羊就是你的仇人了吗？导盲犬、搜救犬，他们可不会变成肉狗待在你的餐桌上。奶牛、蛋鸡、实验室的动物，就没有为人类作贡献了吗？我不否认一小部分狗的贡献，但请你也不要忽视其他动物。

**Mark：**但是在美国有些州买卖狗肉是非法的。

**李华：**但这是在中国。在你们美国，枪支、大麻都是合法的，狗肉却是犯法的，这制度有什么值得吹嘘的？真就你家月亮比中国圆？

**いしがみ ゆう**：好了好了，不要吵了。其实就狗肉来说，反正是养殖的，吃不吃也不会影响到别人，宠物狗什么的和肉狗还是会有区别的。在我们日本，捕鲸也差不多，不过大家都很反对这件事。虽然有吃鲸鱼的文化，尽管有的鲸鱼相对而言并不稀缺，种群数量稳定，但以科研名义远洋进行商业捕捉，也会对生态产生一定的破坏性。

**李华**：我想到了西方的一句话：我不同意你的观点，但我誓死捍卫你说话的权利。我不爱吃狗肉，但这不能耽误别人吃狗肉。

## 案例分析

在这个场景中，涉及了关于吃饭饮食的文化冲突。

首先，日本人习惯于吃冷食，吃饭时不加热、直接吃冷的，主要原因有二：第一，自古以来日本就是通过制作冷食来达到食物保鲜的目的；第二，日本人认为他们的便当只有冷的才好吃、加热会使之失去食物原来的味道。因此，日本人初来中国见到火锅会觉得很新奇。

其次，"中国人什么都吃"的传言存在误会。一方面，在中国，因为宗教等严格禁律较少，中国人对吃喝的忌讳相对较少，然而，在宗教占主导地位的一些国家中，几乎总是存在着严格的饮食禁忌。另一方面，中餐历史悠久，在不断探索中，人们尝试了更多的食物，总结出了好的烹饪方法，从而有一些外国人闻所未闻的吃法。但对于大多数中国人，日常饮食还是家常普通的，并不都是"奇奇怪怪的东西"。

最后，不同文化在一些规定上存在差别。比如，在中国可以吃狗肉，而在美国有些州买卖狗肉是非法的；在美国枪支、大麻是合法的，而中国则不然。这是因为：美国人大都把狗当作自己的家庭成员，在中国则没有这些限制。在美国，私人持枪是宪法保障的权利而不是特权，对枪支类型和使用范围等也有严格限制；中国是一个法治国家，有专门的军事队伍，不允许一般人佩戴枪支。总而言之，这些差异和冲突源于不同的文明传统和不同的认知，无关对错。对于这些文化冲突的解决，应该学会尊重、怀包容之心、求同存异。日常应尽可能多了解不同的文化习俗，扩展自己的视野；遇到文化冲突时要善于从文化背景进行分析，理解冲突产生的根源，从而发自内心地尊重差异、相互包容和学习；最后，要善于沟通，通过跨文化沟通增进了解、解决矛盾。

## 总结

跨文化沟通通常是指不同文化背景的人之间发生的沟通行为。地域不同、种族不同等因素导致文化差异，因此，跨文化沟通可能发生在国家间，也能发生在不同的文化群体之间，在如今国际化高度发展的 21 世纪，跨文化沟通是我们每一个人在生活中都会或多或少需要接触的一种沟通形式。经过在国际素养提升训练营的三天学习以及我们小组五个人的交流探讨，我们得出在跨文化沟通交流中，需要注意以下的事项。

### 1. 认识差异，尊重差异

我们首先应该明白，由于众多历史因素，各文化之间已形成了自己的交际模式、生活习惯，差异的存在是在所难免的，我们应该认识到差异存在的合理性，并学会求同存异，在尊重中沟通、交流，这才是最好的跨文化沟通方式。

### 2. 提前了解相关习俗、生活习惯

各种不同文化背后有着众多的相关习俗以及生活习惯，要做到尊重不同的文化，在沟通时就要求我们提前了解要交际的人员身后的文化习俗、生活习惯、社交礼仪，以避免社交之中的尴尬局面。

### 3. 避免刻板印象

由于长期思维模式的固定，我们往往喜欢给一个事物打记号、打标签，我们认为这就是一种刻板印象，当你单独给某个事物打标签时，就是将其孤立出来，其实就是一种偏见和不平等。我们在跨文化沟通中需要摒弃这些偏见和刻板印象，不轻易做出判断，在平等对待之中寻求最佳沟通模式，拒绝成为偏见者。

### 4. 以身作则，展示本国文化

在日常交际中要"以身作则"，以良好风貌展现自己国家的文化，比如我们的谦逊待人，我们的宽以待物，我们的"有朋自远方来，不亦乐乎"等等。和其他文化体交流，我觉得都应该有这样一个认识：对眼前的人来说，你就代表了你的国家。

### 5. 读历史和学地理

其实每一种文化的形成和当地的地理环境、社会环境都是分不开的，而想要在脑子里整理好这些，就得读史和地理，读懂那种文化的来龙去脉，理解以后，对各种文化也会更宽容。比如儒、释、道、伊斯兰等文化历史；西方的海洋文化，以中国为首的大陆文化；各国特色文化等等。人们常说"风土人情"，也是先有不一样的"风土"，才有不一样的"人情"。

我个人认为，跨文化交流的真正挑战，不是看见"不同"，而是在"差异"的表面现象里，发现"相同"。然后通过这些人性本质上的"相同"，建立共识，达到相互之间深层次的理解、互信和默契。

（线上第4组）

## 高校教育中的跨文化交流

在大一上的早八微积分课上，A是来自中国的学生，B是来自马来西亚的学生。

7:30  A气喘吁吁来到教室，一看手表，已经七点半了，忙打开书，开始学习。

7:45  来自中国的微积分老师已经将课件放映，准备上课。

7:59  B拿着三明治，走进教室。

8:03  老师已经开始上课。

B走到A旁边，"请问这里有人吗，我可以坐在这里吗？"

A起身让开座位，B坐在A旁边，其间A什么话也没有说，继续上着课。

9:00　此时是课间休息。B 和 A 开始交流起来。

A："你是留学生吗？今天早上睡过头了？"

B："我来自马来西亚，我今天起床很早，很早就来到教室上课了。"（时间观念）

A："你们早餐不去餐厅吗？"

B："我们一般只去留学生餐厅，早餐一般吃点三明治就好了。"（饮食）

A："我包里有一些零食，我给你拿出来。"说着，A 从包里翻出牛肉和饼干，并用左手递给了 B。B 当时表情呆滞，A 也不知道发生了什么。


30 秒后。

B："谢谢你的零食，我吃饼干就好了，我对牛肉敏感。"

A："你是对于牛肉这类的东西过敏吗？我有一个朋友也是这种情况，后来，他吃了一些药，情况就有了好转……"（A 向 B 介绍着药方）

B："不是啦，是我们的国家人民不能吃牛肉。"（民族宗教差异）

A 这才发现，原来是民族信仰原因，此处的"敏感"并不是"过敏"。A 查资料后又发现，在马来西亚，用左手递东西是十分不礼貌的，因此感到很懊悔。

A："很抱歉，很抱歉，我刚才没有弄清楚，我们加个微信吧！"

A和B加了微信，看着彼此的个人资料。

B："你是2002年出生的吗？好年轻啊，我是2000年的。"

A："嗯，是的，我读书比较早，你是大二的吗？"

B："在我们国家，高考是在12月，所以我在家里待了半年才来到学校。"（高考制度不同）

A："哦，你们是冬天考试啊。"

B："冬天？我来自马来西亚，我们那里没有冬天，四季温暖。"

A这时想起高中地理学到的马来西亚的气候知识，尴尬地笑了笑。（自然地理环境不同）

B："我刚来以为你很高冷，其实也不是啦！"

A："刚开始是因为上课期间，所以我没有和你打招呼聊天，我当然十分愿意和你交流了。"（上课方式）

之后，A和B也成为了很好的课友，一起交流知识，交流文化……

上述的跨文化交际场景曾真实地发生在日常生活中。虽然马来西亚和中国具有一定程度的文化同源性，但是经过长时间的发展，两国已经具有较为明显的文化差异。上文中所包含的文化差异涉及时间观念、饮食、民族宗教、高考制度、自然地理环境和上课方式等方面，接下来我们将选取几个具有代表性的文化差异进行论述并给出相应建议。

# 时间观念

由于自然地理、历史文化等原因，在不同地区人们对于"早"和"晚"的定义并不相同。在马来西亚，上班族通常的上班时间为早上八点半到下午五点，这一点与在中国的情况相似。而对中学来说，国民型中学（即公立学校）和独立中学（即私立学校）在时间安排上有较大的不同。国民型中学一般按照年级分为上午班和下午班，上午班时间为早上七点半到下午一点半，下午班从下午一点半到晚上七点半。独立中学则是从早上七点半到下午三点半。若有课外活动，学生的放学时间就会有相应的延后。而在中国，中学生的到校时间一般为六点半到七点半不等，住宿型中学的到校时间普遍早于非住宿型中学，如无晚自修，放学时间则一般为下午四五点钟。因此在上述的对话中，中国学生所认为的"早"和马来西亚学生眼中的"早"有着较大的不同。

除此之外，在吃饭时间上中马两国间也存在着较为明显的区别。在马来西亚，中餐时间一般设在一两点钟左右，晚餐时间为六点至八点这一时段。在中国，大部分人吃中餐的时间为十二点左右，晚餐时间为五六点钟左右。

1. 自然地理环境的差异。马来西亚位于赤道附近，热量充足，农作物一年可以有两熟或者是三熟，很多作物可以随时播种。而中国大部分地区位于亚热带和温带，为了顺应不同季节的热量变化，在农作物的播种、收获上有着较为严苛的时令。经过多年的发展，中国人在守时这一问题上有着相较于马来西亚更为严格的标准。

2. 地区间经济发展的差异。一般来说，一个地区的经济越发达，生活节奏越快，人们对于准时这一概念的要求也就越高。在马来西亚，由于生活节奏不算太快，因此在不追求严格准时的场合，马来西亚人的守时观念并不强。曾有这样一句话形容"爱迟到"的马来西亚人——"说迟到五分钟通常意味着要迟到一个小时，迟到是可以接受的，不需要道歉。"

【建议】

1. 由于中马两国人民在"早"和"晚"的界定上面会存在一些差异，不了解这种差异的中国人，极有可能会把马来西亚人的晚开工行为视作"懒"。同时，双方的饮食习惯差异也会导致一定程度的文化误解，因此，提前做好沟通尤为重要。

2. 考虑到双方的守时程度不同，在一些较为严肃的场合，必须提前考虑到中马双方在准时这一问题上不同的定义，并适当安排出缓冲时间来调和双方的差异与矛盾，以避免不必要的尴尬。

# 上课方式

在国外大多课堂是以学生为主，学生可以随时举手提问，表达想法，也可以与同学自由讨论，课堂是十分轻松活跃的。而中国是强调课堂纪律和老师权威的。课堂上大部分的时间由老师进行讲解，同学们认真听课，记笔记。有时在老师不允许的情况下，同学之间的窃窃私语可能会被认为是扰乱课堂秩序和对老师的不尊重。正如案例中中国同学在课上没有与来自马来西亚的同学打招呼聊天，而使马来西亚同学误认为中国同学很"高冷"。

【原因分析】

1. 中国人口众多，一个班级一般有五六十人，大学有的课堂人数可能要达到百人。这样一个大课堂如果每位同学都积极讨论，随意发言，学习效率可能会大打折扣。由于基础条件的不足，大班授课并不适用这种开放的课堂模式。

2. 受传统的规则秩序、权威认同观念影响。中国古时以礼法为重（重礼法的一部分原因便在于中国地大物博、人口众多的特点，需要有集中统一的领导，才能维持秩序），学生有"尊师"的思想传统。"一日为师，终身为父"的想法，就体现了学生与老师的关系并不是平等的。老师为权威，有着渊博学识，无私奉献，谆谆教诲。而学生也会认同老师的权威性。比如学生发现试卷的答案写错了，要问过老师才能肯定。而在国外，学生

和老师以朋友相称。学生学到的部分知识是从其他同学的发言中得到的，而中国学生更多或是几乎全部都是从老师那得来的。

3. 受教育体制的影响。在中国的高考制度下，学生的高中时间几乎只学习应试科目，对其他方面的内容了解不多，更多精力放在准备考试上。老师则教学经验、备考经验丰富，领导学生准备考试可以达到效率最大化。而国外的高考压力没有那么大，同时注重文化素质等多方面素质的提高，更活跃的课堂氛围利于培养学生的思维。

## 【建议】

1. "入乡随俗"，尊重当地的教学习惯。如果在中国进行教学，课前可以提前交流、说明情况，在老师建议交流的时候开始交流。如果在国外进行教学，则可以主动与同学交流，尽快融入课堂，转变思想，积极参与课堂。

2. 目前我国部分课堂也有所转变，开始小班授课，营造活跃的课堂氛围。根据不同课程的性质，进行教学方式的具体改革。求同存异，根据受众不同，采取不同的教学风格。

（线上第 22 组）

**商业谈判中的跨文化交流**

　　Vietkau 先生是一名致力于亚洲地区发展的德国旅游公司经理。为了协商未来可能的旅行合作，他先通过电话的方式联系上了一个中国公司的代表。Vietkau 先生做了相当完全的准备，带上了生动详尽的广告资料，以便于能够更好地展示公司的优势和更有说服力地表现其在亚洲其他地区现有的成果与在中国发展的明确目标。他确信能与中方有一笔可盈利的生意，并且能很快达成此次交易，因为他相信他所选择的中国公司是可靠的。

　　企业负责人和一众员工的接待过于亲切，还有过于繁琐的泡茶准备。由于厌恶有叶子的中国绿茶，他婉拒了。接着还有他不喜欢的饼干和其他的甜品。他可并不是在一个聚会上啊！尽管他不想吸烟，房间里所有品牌的烟还是被送到了他面前。而对话仅仅围绕着他这次来中国的旅行印象，但毕竟这只是一次纯粹的出差而已，在他被问及家庭状况之后又被问到他的夫人孩子是否安好，这一切都让他感到十分不适。Vietkau 先生为了进入正题，忍受着这浪费时间的无用功的折磨。之后他终于开始呈现他所带来的资料，及时结束了闲谈。

　　然而在论述的过程中他就察觉到，他显然没有能够打动对方，甚至没有进行详细的交谈，他们的告别就出乎意料地来了。他的报告明显没有引起对方兴趣，这使他十分不安，最后他决定，不再强求，等到第二天试试。翌日他得知，该公司没有与其继续商议的可能性。而后两家公司的代表没有再进行下一次的会面。

## 【问题分析】

### 1.Vietkau 先生对他的中国联系人是怎么想的？

Vietkao 先生是一名德国旅游公司的经理，并想要发展亚洲地区的旅游业。虽然 Vietkao 先生在前往中国之前在资料上做好了万全准备，如广告资料、他对公司的了解程度、在亚洲其他地区成功的数据、在中国的明确目标等，但是却忘了事先了解中国的文化习俗。在抵达中国以后，企业的负责人和员工的接待过于亲切，使他感到负担。而且他在无事先了解的情况下，认为中国的泡茶过程繁琐、拒吃负责人所准备的甜品及烟、对负责人所问的话题感到厌烦。Vietkau 先生过于想要直接进入讨论，而拒绝闲谈。这也导致了他的报告的失败。

### 2.Vietkau 先生的中国联系人是如何看待这件事情的？

Vietkau 先生的中国联系人一开始非常看重与他们合作的 Vietkau 先生，不仅拿出礼貌的态度来招待他，且还泡茶、送各种小点心与烟来招待他。但是后来，Vietkau 先生一再拒绝的态度与厌恶家常话的表情让中国联系人对这次合作的热情冷却，并不想与 Vietkau 先生合作下去。

### 3. 您如何解释他所做努力却换来失败？

我认为他付出努力却换来失败的原因一是中德文化差异的存在，二是他没有提前了解和正确处理文化差异。德国人在商业合作中习惯开门见山、直入主题，不谈与合作无关的事宜；而中国人则习惯在进入正题前做一些寒暄来表达热情。Vietkau 先生的问题在于来中国出差前没有了解中国的商业习惯，这样不但使自己感到不适甚至冒犯，还使其中国联系人感到自己的热情没有被接受。在这样的情况下，Viektau 先生虽然在业务上做了努力，但合作还是没有成功。

## 【建议】

Vietkau 先生与中国联系人之间沟通效率之低与成果之不尽如人意，究其原因，在于同样的交际意向下表达方式的差异。这种表达方式的差异体现在不同文化语境下，思维、行为动机与价值观的迥异，而正因双方缺乏在跨文化交流中的敏感与反思意识，导致最终建立和加深了对彼此的误解。针对以上问题，现提出以下三点建议。

**其一，增进对不同文化背景下情绪表达方式的认知与了解。**在材料中可见，Vietkau 先生在行前所做准备中，并未对即将面临的文化差异作心理预期，也并未提前了解中国公司在商务合作协谈中惯用的方式。中国商人在合作中十分注重人际关系的融洽，决策程序复杂且沟通方式较为隐晦。为明确表达自己的合作意向，Vietkau 先生需要提前了解跨文化沟通的相关策略，了解中式谈判风格。

**其二，在面临文化冲突，出现理解障碍时，保持积极沟通的心态。**针对浅层面的文化差异，尽可能采取灵活变通、入乡随俗的方式。例如：面对不喜欢的饼干与甜品，可以言语上表示感谢并展露自己的喜爱之情；在谈及对中国的旅行印象时，也应尽量表达对美丽景色的赞美与对中国文化习俗的兴趣，以此向中国代表展现合作的诚意。而针对深层次认知体系与规范体系差异所导致的沟通障碍，应在保持理解与宽容的前提下，通过得体的交流，将原则性与灵活性相结合。例如：在被问及家庭情况时，可以先表达对问候的感谢，委婉表示在德国商务谈判时，较少谈论私人问题，并尝试引入新话题，避免冷场。

其三，企业应逐渐加强对员工跨文化理解力的培养，学习跨文化沟通策略。公司可通过成立特殊培训小组或聘请专家等方式，在与不同国家及地区企业展开商务合作前，熟悉当地人的思维方式与表达习惯，避免只站在自己的文化立场对他人的言行作评价，在跨文化沟通中秉持尊重与共情的态度，努力促进文化认同的实现。在材料中，中国代表的接洽与交流过程体现出，作为一家经常开展对外合作的企业，该公司缺乏对员工及管理层跨文化沟通能力的日常培养。Vietkau 先生的困惑与不解，势必在非言语交际与言语外交际中有所展现，但中国代表并未及时感知到对方情绪的变化，更没有及时转变沟通方式。

**以下将以文字方式，展现本组理想中的跨文化沟通场景。**

**Vietkau 先生：** 中国代表们，你们好！很荣幸见到你们。希望今天协商能为双方带来愉快的体验，促进未来合作事项的展开。相信在共同的目标下，我们的合作将实现互利共赢！

**中国代表：** Vietkau 先生，您好！ 您的到来使我们倍感欢欣。希望今天的沟通一切顺利！您远道而来一定感到口渴了，这是特意为您准备的茶点，您试试是否合口味？听闻在德国，茶文化非常受人喜爱。但不知您是否知道，德国人的饮茶习惯与中国人略有不同。在中国，泡茶是无须将茶叶倒掉的，这样茶水的味道将更加浓香馥郁。

**Vietkau 先生：**（品茶）的确！早就听闻中国的茶文化历史悠久，看来确实还有很多值得研究之处。感谢您的茶点。

**中国代表：** Vietkau 先生，您是否想吸烟呢？我们也特意为您准备了中国的香烟。

**Vietkau 先生：** 谢谢您的好意，我暂时不需要，不过我对于中国的香烟文化一直很感兴趣呢。此前来中国商务出差时，也有中国朋友向我推荐香烟。

**中国代表：** 那么您对于中国的旅行印象怎样呢？是否喜欢中国的美景与文化？

**Vietkau 先生：** 中国的景色非常秀丽，中国文化更是富有魅力，虽然我并未真正地游山玩水过，但我在此前的出差中了解到，目前中国服务业的发展带来广阔的第三产业市场，能提供优质的旅游体验。同时在德国，越来越多的人希望前往中国旅行，感受不同于欧洲的东方风情，这也是我希望展开此次合作的原因。其实此次前来，我准备了一份生动详尽的广告资料，其中将介绍我方在中国展开合作的明确目标与现有的成功数据，希望接下来能有机会为您进行展示。

**中国代表：** 好的，Vietkau 先生，其实我们提前已了解到，德国的商务合作中格外重视契约，讲求诚信与尊重，也基于您展现出的对中国文化的浓厚兴趣，我方相信您有足够的诚意展开此次合作。那么我们话不多说，就开始您的资料展示吧！

（线上第 26 组）

**师生谈话中的跨文化交流**

　　来自美国的凯瑟琳小姐在一所外语学院教英语。开始教学后不久，她发现学生们对她的课并不感兴趣，在上课期间，凯瑟琳经常让学生们自由研讨，并在他们讨论后收集学生们的反馈。但是学生们的讨论并不积极，经常会出现台下鸦雀无声的尴尬状况。同时，她在课后发给学生们的反馈问卷也只有极少数的学生完成并上交，而且她发现有好几个学生经常逃课。这也导致了凯瑟琳无法准确及时地掌握学生的学习状况。于是她决定找系主任谈一谈这件事，以求获得帮助。

　　系主任看了她的时间表后，与凯瑟琳约定星期四上午10点在办公室里见面。凯瑟琳于星期四上午准时来到系主任办公室时，她看见主任正和另一位老师在谈话。主任见到凯瑟琳来了，用手指着一个座位示意她坐下。5分钟后，主任和那位老师的谈话结束了。他向凯瑟琳表示了歉意，并开始询问她的问题。正当凯瑟琳在说明情况时，另一位老师走了进来，手里拿着表格让系主任签字。系主任笑着向凯瑟琳道了歉，并转过身去和那位老师用中文谈了起来。凯瑟琳开始有些不耐烦，心想都已经约定好了的，为什么还有这么多人来打扰呢？虽然她和系主任的谈话仍继续下去，但凯瑟琳对这样的事感到非常气愤。同时她觉得系主任的办事效率非常低下，在谈话快结束的时候，她便直言不讳地跟系主任说明了这一点，并且建议他之后要提高办事效率，以及在与别人有约了之后不要有其他人来打扰。这让系主任十分恼火，凯瑟琳察觉到了这点，她对此有些不解，自己的好心意见怎么就惹怒了主任呢？最后，这次谈话也就不愉快地结束了。

# 原因分析及建议

## 冲突点1：课堂讨论不积极→教育模式有差异

### 【原因】

中美两方教育体系具有不同的特点，教育理念也各有千秋。第一，中国的课堂重视知识点的灌输式学习，强调纪律，课堂气氛严肃，相对来说学生的学习偏于被动；相比之下，美国的课堂更注重启发与引导学生进行思考，相对随意，鼓励同学之间积极讨论，学习较为主动。根据资料，美国授课拥有演讲和研讨两部分，在研讨中鼓励学生提出自己的观点，倾向培养领导力；而中国文化倾向培养理解力，学生倾向于咀嚼老师给出的知识。第二，美国文化更强调主体性，而中国文化更注重权威。第三，美国文化对"错误"的容忍度更高，学生愿意立刻发表不成熟的观点，而中国文化则倾向打磨后表达"完美"观点。

同时，中国基础教育的教学工作是一项合作和集体的活动。教师们采用统一的教学大纲和教科书，在合用的教师办公室和会议厅集体备课。新上岗的青年教师在资深的、有丰富教学经验的教师的辅导下，从集体智慧中受益并稳步上进。这种模式也有不足，教学变得公式化，学生经历同样的课程内容，获得了同样扎实的基础教育，但也缺乏独立性、创造性和参与性。

相比之下，美国教师采用的是孤立和个体化的教学模式。每个教师都以自己的教室为主要阵地，从早上开学之时到下午放学之际，一直坚守不离。他们在课堂上有很大的自主权，可以选择使用自己喜欢的教材和教法，可以决定多学或少学某一学科的知识。学生在各项学习科目中的学习效果也完全取决于一个孤立的班级教师的个人素质、知识、喜好和教学方式，因而有时学生参与度更高。

案例中凯瑟琳老师让同学们在课堂上自由研讨，但学生们的讨论并不积极这一现象就是中美教育文化差异的体现。

### 【建议】

对于老师来说，在课前应当多了解同学的需求、中国教学的模式与中国教育理念，将美国元素与中国教学元素更好地结合起来，便于同学接受与学习进步；在课上，应当及时观察同学反应，注重引导与启迪，提前与同学说明课上一些活动的意义；在课后，应当与同学们、其他学校老师们多沟通，了解存在的差异并寻求解决方法，求同存异，和而不同，美美与共，通过外教课让中国同学更了解外国文化，同时提升外语素养。同时，建议老师在上一堂课给予学生讨论资料，让学生拥有足够的时间准备讨论；同时可以循序渐进，第一节课给予学生一个表达模式，接下来慢慢放开；另外可以让研讨表现成为期末成绩的一部分。

对于同学来说，首先需要乐于并敢于接受新模式，在探讨中提升自我学习能力，锻炼思维与讨论能力；此外，也要及时与老师交流，可以提出建议并与老师讨论。

## 冲突点 2：中西方上下级距离有差异

### 【原因】

在案例中，我们的文化冲突主要分为两部分：很少学生给予凯瑟琳课程评价，更有同学逃课。

关于课后反馈的缺失，首先这可能和师生距离有关，相较于美国文化，中国文化中下级较不愿意挑战上级，甚至担心对自己有不利影响；"决策者"与"执行者"身份分离更大，下级不愿意参与规划。

最后关于逃课问题，我没有看到资料说明美国学生的逃课更少。个人看来，逃课是拒绝与老师沟通，以及反抗不喜欢的课程的最后手段，也反映了一定的逃避心理。

### 【建议】

在课后反馈部分，建议将匿名反馈作为选项，或者强制性要求（否则大家容易不愿意思考，参与决策）。

最后关于逃课。建议老师将出勤率计入成绩，同时与逃课学生面谈，讨论他们的需求，一起解决问题。

## 冲突点 3：中西方时间取向方面有差异

### 【原因】

中美在时间取向方面有着明显的差异。美国属于单向性时间模式，而中国则趋向于多样性时间模式。单向性时间习惯是一种强调日程、阶段性和准时性的时间习惯，要求人们做任何事都要严格遵守日程安排。一次只干一件事，该干什么的时候就干什么，不论完成与否必须停止，不影响下一项安排或让下一个人等候。时间对单向时间习惯的人来说具有异乎寻常的意义。所以对于凯瑟琳来说，她很难接受系主任这种在与她约定的时间内与别人交谈，对她而言，这是一种不尊重、不恪守承诺的表现，同时她又会觉得系主任没有能够在之前就处理好这些事，这也让她觉得系主任的做事效率低下。

而中国是属于多向时间习惯的国家。多向时间习惯对计时、用时更具有随意性。对中国人来说，守时虽然重要，但并不严格。该干什么的时候可能没有按时去干，该结束的时候可能又不结束。持多样性时间观念的人却常常同时与几个人谈话或同时办几件事。中国人对约定的理解并非像西方国家的人那样"雷打不动"，其随意性很大，有时会受到其他人或事情的干扰。因此，系主任对他这样的处理方式觉得再正常不过，并没有不妥的地方。但是，他并没有注意到跨文化的冲突，而是以同样的方式去对待来自美国的凯瑟琳，这也就造成了后面的冲突。

## 【建议】

系主任既然已经与凯瑟琳约定好星期四上午 10 点谈话，考虑到凯瑟琳是美国人，那么他就应该恪守约定，在这段时间内不与他人交谈，把其他人的事先推辞一下，避免这样的约定受到任何形式的干扰。而对于凯瑟琳来说，她可以去了解一下中国的多向时间习惯，以此来更好地了解中国的习俗，以免在后续与他人的交谈中出现类似的尴尬情况。

## 冲突点 4："上下级"间反馈问题的方式差异

## 【原因】

1. 在美国，个人职责范围内有较大的自主权，对上级有一定的建议权和质疑权；而在中国，更多强调的是下级对上级的服从。

2. 在对不同意见的表达方式上，中国人较为含蓄，通常不会明确表达自己的意见，有不同观点也不会当面直接陈述，避免发生正面冲突，而外国则较为直接，有意见会当面提出，并能够做到"对事不对人"，即使发生再激烈的冲突，也不会影响上下级之间的关系。

3. 受传统中庸思想的影响，中国往往讲求和谐，重视人际关系和情感，人情经常重于道理。

所以凯瑟琳直接表达了对于系主任已经约定好面谈却一直被打扰的不满，并且对系主任做出建议，在凯瑟琳看来这是很正常的质疑和建议，只针对本事件并没有表达对系主任个人的意见；但是对于系主任来说，下级当面提出不满和建议有失脸面，凯瑟琳的做法伤害了自己的面子和彼此间的情感，更多地觉得她是在针对自己而不是具体事情，因而有些"恼羞成怒"。

## 【建议】

建议可以是双方性的，解决一个冲突一般只需要冲突一方做出让步。在文化只存在差异而没有明显对错之分时，我们可以选择任意一方尊重另一方的文化背景，尽地主之谊包容宾客，或者宾客入乡随俗。但是如果我们认为一些文化是有待与时俱进的，我们会有更明显的偏向。过多注重等级之分而忽略事情本质导致无法改正进步是不对的，在保持礼貌的前提下，系主任应当转变过去的思想，尊重凯瑟琳的批评建议，只关注事情本身而不迁移到个人情感中。但不是说凯瑟琳不需要做任何改变，完美地解决问题是我们的目标，为了让对方重视和解决问题，我们可以适当改变一下自身态度，更柔和巧妙地处理，让系主任关注到问题核心。

## 冲突点 5：学校人事关系和责任差异

### 【原因】

美国教师需要服务型的校长和主任，这样既赋予教师权利，又不放任自流，且相互信任。美国的校长及主任等对教师的聘任和任命不起决定性作用，减少了他们间的人身依附关系，这就使得其纯粹是一种工作关系，上下级关系得到淡化。中国的校长由行政机关任命而且有行政级别，在校内实行校长负责制。校长和一些主任的领导角色注重于行政方面，大部分的时间与精力花费在学校日常行政事务与对上级教育行政部门的种种检查应对上。系主任可能表面上要从事一定的教学任务，但事实上，可能减少或索性不再承担教学任务，以至于对教学和科研日趋生疏。系主任和教师是上下级的关系，对教师的任用、考核、奖惩，校长有权决定。

所以凯瑟琳认为系主任应认真对待自己的诉求，服务自己解决问题，并且不认为自己与系主任是上下级关系，可以平等地提出问题，解决问题；但是在系主任眼中他们属于上下级关系，系主任没有服务凯瑟琳解决这些问题的责任。也许系主任更多参与行政工作，而对于此类教学具体问题不能深刻体会感知。

### 【建议】

双方互相理解，凯瑟琳理解系主任的工作性质，尽可能自己想办法解决，或者找同样的老师进行更有效的交流探讨；系主任充分尊重和重视凯瑟琳遇到的难题，尽可能帮助她或者邀请其他人帮忙给出指导建议。

（线上第 40 组）

## 2.2.2【第二期】社会实践纪实及成果汇报

第二期训练营，同学们分小组开展暑期社会实践，聚焦国家战略，践行服务理念，用国际化的视角解决中国的实际问题。

当今时代快速变革，开拓国际素养，培养开放意识，对于当代大学生来说是重中之重。在本次社会实践项目中，同学们被分为三组，依照 ABC 三条行动路线设计行动主题，进行探究式观览。

此次的社会实践不仅仅要求同学们在参观中学习，也需要同学们设定行动问题，借助身边资源进行社会调研。在社会调研完成之后，各小组将通过自选形式展示调研成果。展示的内容将突出实践内容、参观内容、采访内容和成员感悟等。具体将分为两部分。

首先，各组同学将作为观察者，借助文字、图片以及拍摄的视频等方式展示各个展馆所见所闻以及同学们的实践感悟。并结合各自的探究主题，展示研究过程与最终的研究成果。

接下来，各组队员将作为参与者，分享家乡风俗、实践经历、生活见闻，搭建中国与世界沟通的桥梁。分享主题包括但不限于"中国故事""家乡习俗""实践感悟""国际中心学习心得"等。由于在本次分享中将会邀请留学生一同聆听，感受中国文化，同学们将用英文进行分享。分享结束后，受邀留学生将与同学们进行英文沙龙，结合各小组分享的内容开展文化交流，感受中国文化的博大精深。与此同时，也培养同学们讲好中国故事的能力。

让中国走向世界。这一次实践活动以培养同学们的国际素养为目标，要求同学们不仅要了解中国国情、也要具备全球视野。相信这次短暂的社会实践只是起点，作为新时代的中国青年，未来同学们定会不断把握机会和条件接触国际的前端思想与事务，在未来建设祖国的大潮中更多地贡献自己的力量，让世界看到中国的美丽与荣光。

图为 G20 杭州峰会会场

## 良渚文化

　　良渚文化带给我们最大的感触是智慧，当看到一件件远古时代的精美工艺品时，很难想象那是几千年前中国古人的杰作。小到住房结构，大到社会结构，良渚文化处处体现着古人的智慧，让我们在感叹的同时生出一股自豪的感觉，实证中华五千年历史，良渚文化当之无愧。

## 西湖博物馆

　　来到西湖博物馆，美丽是它的主旋律，为了探讨莲莲（杭州亚运会的吉祥物之一）的灵感来源，我们在西湖博物馆时对荷花做了着重考察，左河水先生曾写有《鹊桥仙·西湖荷花》一词，赞美西湖荷花的美，但当我们静下心观赏荷花之时，只觉言辞无法表达它的模样，在参观完后大家分别就自己眼里的荷花做了交流，从几何美到氛围美，总离不开一个美字。

　　京杭大运河是一个充满了故事的地方，无论是它的修建还是后世的发展。在参观的途中我们着重对大运河的历史做了调研，历史的厚重在我们的调研里格外显得沉甸甸，千年的历史从河面流淌而过，大家被久久地震撼。

## 中国传统文化

————浙江大学本科学生国际素养提升中心
赴西湖、大运河、良渚博物馆暑期社会实践团（A组）

### 亚运会选择吉祥物的相关考虑

按照传统，每一届亚运吉祥物都会体现举办地的特点，本次也不例外。作为拥有渊远历史的中国，其传统文化就是最大的特点。在本次亚运会中，分别选取了具有代表性的三种文化，同时将人文精神融入吉祥物的选择上，以更好地向世界展示中国、展示杭州。

### 亚运会如何更好平衡国际文化和中国传统文化的比重？

中国文化正在走向全世界，全球化是不可阻挡的趋势，世界文化和中国文化并不冲突，在体现中国文化的同时和世界文化接轨，亚运会作为和亚洲其他国家文化交融的节点，有着至关重要的作用，我们一定会将中国文化展示好，同时对其他文化的交流表示欢迎，以取得一个最好的效果。

### 除了吉祥物，亚运会还将采取哪些方式体现中国文化？

除吉祥物外，亚运会场馆的布置都会在细节上体现中国文化的特点，文化感染并不是刻意的，本届亚运会将会在多个方面取得创新，包括后续可能会出的文创产品等，都会在一定程度上体现中国文化。

# 传播中国声音，讲好中国故事

## ——浙江大学本科学生国际素养中心赴杭州、乌镇、上海等地"让世界认识中国，让中国走向世界"暑期社会实践团（B组）

**线路 B：** G20 主会场：杭州国际博览中心（杭州）、互联网智慧小镇（乌镇）

**实践时间：** 2021.01.29—2021.02.25

聚焦国家战略，服务社会建设，弘扬奉献精神。2021 年 7 月至 8 月，浙江大学国际素养中心成立了"让世界认识中国，让中国走向世界"暑期社会实践团，组织学生赴杭州、乌镇、上海等地观览、采访、调研，以国际化视角讲好中国故事，提升文化自信，高扬主旋律，传播正能量。

## 实践路线

### G20 主会场：杭州国际博览中心（杭州）

杭州国际博览中心位于杭州市萧山区钱江世纪城，是二十国集团领导人第十一次峰会的主场馆。同学们参观了 G20 永久陈列资料，重点探究了全球化背景下数字经济的中国特色模式及国际合作中的中国声音。

### 互联网智慧小镇（乌镇）

B 路线的第二个参观地点是乌镇国际化互联网小镇。随着世界互联网大会的召开，智慧小镇在互联互通的时代主题下成为引领科技潮流、繁荣数字经济的见证者。同学们在这里感受传统与现代的碰撞，领略国际文化和中华文明的魅力；也通过互联网大会场馆琳琅满目的互联网创新成果及应用结果，感受互联网世界的尖端智慧。

背景：改革开放 40 多年以来，中国逐渐以外向包容的姿态逐步走向世界舞台的中心。随着多方面的不断发展，中国与国际的经济、政治、文化等全方位的交流呈现着更广泛、更深入的趋势，但也意味着面临更多的风险与挑战。风云变幻的国际关系、复杂艰深的政治博弈、牵一发而动全身的经济交流，对中国来说既是机遇，也是挑战。因此，在当代青年的成长和发展过程中，拥有国际交流素养和国际视野显得尤为重要。背靠"国际素养提升训练营"，组员们在前期聆听了讲师、辅导员、优秀前辈的国际交流讲座和国际组织实习经验分享，参与了交流和讨论，对国内外交流现状有了初步的认识。知识的巩固在于课内与课外相结合，在这样的考量下，我们组成了社会实践小组，在 7 月上旬前往 2016 G20 杭州峰会场

馆——杭州国际会展中心，近距离体会中国海纳百川的决心，之后前往乌镇品味互联网小镇的古今交融、生机活力，力图拓宽组员们的国际视野，从各个方面领会国内外交流的积极态度，提升素养。

小队成员首先去往的便是坐落于杭州萧山区的杭州国际博览中心即 G20 杭州峰会主会场，一大一小两朵莲花的造型流露出中国式的风雅与好客。场馆前广场树立着的二十国集团国旗（盟旗）迎风飘扬，渲染着峰会召开时群英荟萃、济济一堂的盛况。步入前厅，巨大的铜柱、庄严的大理石、耀眼的宫灯……一瞬间，仿佛穿越千年的光阴，置身于阿房、未央等古代大殿之中，盛世气象扑面而来，不由得让人想起那段万国来朝的光辉岁月。前厅亦摆有 20 面旗帜，据讲解员介绍，G20 杭州峰会当日，

领导人们踏过红地毯来到此处拍了集体大合照。走过天蓝色的羊毛地毯，两扇铜门缓缓打开，主厅映入眼帘，天圆地方的格局，顶天立地的巨柱，炫目的穹顶，栩栩如生的木雕，还有那巨型的圆桌，震撼之情难以言表。可以想象 G20 杭州峰会当日，他国领导人见到此情此景之时，心中该升起怎样的惊叹。

G20 杭州峰会的盛况我们只能够通过现存的宏美场馆进行遐想与追忆，但峰会的影响时至今日仍是巨大的。小队成员对前来参观的游客及一些场馆工作人员进行了简单的采访调研，从北京慕名而来的退休夫妇，杭州本地的年轻公务员，携家带口的阿姨，负责安保的工作人员……从采访中，我们了解到 G20 杭州峰会在普通群众中的影响，参观完场馆，他们大多有一种强烈的民族自豪感，认为 G20 峰会给杭州带来了难得的机遇与红利。与此同时，他们也提出了如房价升高、生活压力增大等一系列的问题。一场中外交流的盛宴，一次声震国际的大会，并不只有召开当日的盛况与光鲜，其后续潜移默化的影响将会渗入原有的秩序。

G20 杭州峰会是中国主持召开的大会，是国际上重要的领导人峰会，发出了国际合作中已经不可或缺、更在日益增强的中国声音。经过对 G20 场馆的调研，我们深刻感受到国家强盛带给人民的底气与自豪，认识到唯有国泰方能民安，亦深入了解了当今中国在国际上的分量与地位。中国古老的和合思想在今天仍是我们对外交流的黄金准则，在党的带领下，在全体人民的一致努力下，中国故事必将翻至更辉煌的一页。

# 智慧小镇，互联八方

在参观完 G20 杭州峰会主会场后，小队成员又前往世界互联网大会的永久举办地——浙江乌镇。作为历史悠久、文化底蕴浓厚的江南水乡古镇，乌镇素有"鱼米之乡、丝绸之府"之称，而世界互联网大会在此地的召开，使乌镇能够依托互联网再次插上腾飞的翅膀。当我们行车缓缓驶入乌镇，随处可见与互联网大会相关的元素，它显然已在乌镇留下了浓墨重彩的一笔。从互联网医院、智慧旅游到智能交通、创业园区等一系列智慧项目相继投入运行，乌镇已全方位融入了"互联网+"元素。早在 2014 年底，乌镇景区便开始迈入 Wi-Fi 全覆盖时代，乌镇的旅游业也在互联网经济的带动下愈加繁荣。

当江南水乡古镇碰上了互联网，乌镇无疑阐释了古韵与科技的完美融合。2014年，以"互联互通·共享共治"为主题的首届世界互联网大会在乌镇举行。此后，每年大会都落户乌镇，邀请来自海内外的政府、国际组织、企业、科技社群和民间团体的互联网领军人物，围绕全球数字经济、互联网与社会、网络安全、人工智能与大数据等诸多议题开展探讨交流。小队成员在参观乌镇互联网大会地址的同时，也向当地民众包括民宿老板、文创店主、景区负责人等进行了采访。从中我们了解到世界互联网大会的召开无疑为乌镇经济发展带来了重大机遇，无论是游客量的持续上升倒逼酒店旅馆数目的增加，还是互联网企业不断入驻乌镇进一步为当地的创业创新氛围注入新活力，都使得乌镇在完整保存其水乡古镇的风貌和格局的前提下，身为江南"四大古镇"之一的魅力经久不衰，并且成为全国智慧小镇的典范。

世界互联网大会的举办还促成了乌镇周围环境的整治改善，在始终坚持"引进来"与"走出去"并行的同时，乌镇作为特色小镇在全球的国际地位逐步提升。通过采访我们也得知受国内外形势的影响，2020 年举办的世界互联网大会改成线上，当地旅游业也不可避免地受到了冲击，而大会是否能够回归线下，或许对本年度当地经济发展也会起到不小的影响。然而毋庸置疑的是，智慧小镇必将在互联互通的时代主题下成为引领科技潮流、繁荣数字经济的见证者，让城市变得更加聪明，让生活变得更加美好，让世人无时无刻不感受到彼此之间超越时空的紧密联系。

　　在为期三天的世界互联网大会场馆实地调研活动中，成员们在对实地进行参观和研究的过程中，深深地感受到中国在面对工业 4.0 时代的重大机遇，亦是风险挑战下的坚定信心。随着互联网技术的不断发展，世界在它的催化下不断拉近彼此的距离，也让世界局势更加瞬息万变。在这样的局面中，中国勇立潮头，敢为人先，紧紧抓住地理地形、交通方面的优势，积极发挥中国人民的创新能力，鼓励中国人民发挥主观能动性，开办了 2016 年 G20 杭州峰会，向世界展示了杭州的江南风光，向世界传递了中国人民的好客精神。面对互联网带给全世界的机遇和风险，中国积极向世界靠拢，释放出欢迎世界各方合作的积极信号，早在 2014 年就在乌镇举办了第一届世界互联网大会。当实践小组到实地考察时，大会已经成功举办了 7 年。其间，有一大批优秀的互联网创业成果获得了全国、全世界的认可和支持，成功地让中国与世界共享了时代背景下的创新成果，共同促进了世界的互联网发展。

　　在实地考察的过程中，成员常常发出对中国对外开放的决心和努力的赞叹。世界互联网大会场馆恢宏大气、审美高级，于大气中包含着各种各样的用心细节，从建造到装修，到物品的摆放和次序的安排，处处体现着中国周到而精密的待客之道——力图服务好每一位客人，与八方来客友好交流，共同成长；乌镇互联网大会场馆展示了中国和世界的互联网创新成果及应用结果，充满着互联网世界的尖端智慧，而创新，也是经济发展和世界进步的重要推进力，发挥着不可替代的作用。

G20 杭州峰会的举办，代表中国在对外开放、共通共享的水平上到达了新高度，向世界展示了友好的迎客态度，也意味着中国在经济、政治、文化等各方面的开放决心，同世界各方友好交流的美好愿望；乌镇世界互联网大会的延续和发展，代表着中国与世界共享创新发展成果、同各方学习和交流科学技术成果，共同分享互联网发展的美丽果实，推动互联网创新发展的坚定信心和不懈毅力。

从 G20 杭州峰会到乌镇世界互联网大会，折射的是中国开放迎客、共同发展的美好愿景。小组成员们都相信并真心祝福，中国和世界能互联互通，在时代潮流中勇于创新、不断发展，共同发展人类文明。

图为合肥港国际集装箱码头

图为 G20 杭州峰会主场馆——杭州国际博览中心

图为 G20 杭州峰会主场馆的主会场

图为 G20 杭州峰会主场馆的空中花园

# 实践总结分享——中国故事（C组）

　　线下发掘家乡资源、观览采访调研，线上通过《浙里中国》和微信推文的形式选取并讲述中国故事，开拓国际视野，坚定文化自信。

**李昕怡**
辽宁省瓦房店市博物馆。线下陈列馆党史学习教育。

**童汪惠　迪拉热·多力坤　吴烁**
杭州国际会展中心 OSS 协作中心。参观 G20 杭州峰会主会场，了解 G20 杭州峰会相关背景，采访周章贵博士，了解 OSS 协作中心概况。

**谢谭静　汪涛**
浙江省杭州市。参与志愿服务，提升国际素养。

**孔一博**
杭州市萧山临浦体育馆。学习临浦体育馆举办世乒赛的经验。

**江一博**
宁波市奉化区溪口镇。探访溪口镇庆祝中国共产党成立 100 周年活动。

**杜梦冉**
浙江省温州市三信国际控股集团有限公司。调研产业现状。

**张晗一**
云南省峨山县青少年活动中心。《浙里中国》视频播放与内容宣讲。

# 《浙里中国》系列 1：政通人和

| 谢谭静 张晗一 杜梦冉

合作谋发展，平等促合作。中国作为世界大国，一直坚守自己的责任与担当，秉持维护世界和平、促进共同发展的宗旨，坚持独立自主的和平外交政策，始终不渝走和平发展道路，始终不渝奉行互利共赢的开放战略：致力于深化同周边国家的睦邻友好关系，积极参与周边各种合作机制，推动区域合作深入发展，共同营造和平稳定、平等互信、合作共赢的地区环境。加强与广大发展中国家团结合作，深化传统友谊，扩大互利合作，推动实现联合国千年发展目标，维护发展中国家的正当权益和共同利益。加强与各大国的战略对话，增进战略互信，拓展合作领域，推进相互关系长期稳定健康发展。积极参与多边事务和全球治理，推动国际秩序朝着更加公正合理的方向发展，推动各国携手建设人类命运共同体。

2016 年 4 月 22 日，中国签署应对全球气候变化的《巴黎协定》。党的十八大以来，我国加快推进生态文明顶层设计和制度体系建设，相继出台《关于加快推进生态文明建设的意见》《生态文明体制改革总体方案》，制定了 40 多项涉及生态文明建设的改革方案。全国人大常委会、最高人民法院、最高人民检察院对环境污染和生态破坏界定入罪标准，加大惩治力度，形成高压态势。同时，推动绿色发展，深入实施大气、水、土壤污染防治三大行动计划，率先发布《中国落实 2030 年可持续发展议程国别方案》，实施《国家应对气候变化规划（2014—2020 年）》，向联合国交存《巴黎协定》批准文书。

2016 年 9 月 3 日，习近平出席在浙江杭州举行的 G20 峰会开幕式并发表主旨演讲，提出建设创新、开放、联动、包容型世界经济，强调全球经济治理应该以平等为基础，更好反映世界经济格局新现实。

2017 年 5 月 14 日至 15 日，首届"一带一路"国际合作高峰论坛在北京举行。习近平出席开幕式并发表主旨演讲，强调要将"一带一路"建成和平之路、繁荣之路、开放之路、创新之路、文明之路。更值得一提的是，从 2013 年习近平提出"一带一路"倡议，6 年来，中国同共建"一带一路"国家贸易总额超过 6 万亿美元，对共建"一带一路"国家直接投资超过900 亿美元，"六廊六路多国多港"的互联互通架构基本形成，一大批合作项目落地生根，首届高峰论坛各项成果顺利落实。

2017年9月3日至5日，金砖国家领导人第九次会晤在福建厦门举行。习近平主持会晤并发表讲话，强调要推进经济务实合作，加强发展战略对接，推动国际秩序朝更加公正合理的方向发展，促进人文民间交流，共同开启金砖合作第二个"金色十年"。

2018年6月9日至10日，上海合作组织青岛峰会举行。10日，习近平主持会议并发表讲话，强调要提倡创新、协调、绿色、开放、共享的新发展理念，践行共同、综合、合作、可持续的安全观，秉持开放、融通、互利、共赢的合作观，树立平等、互鉴、对话、包容的文明观，坚持共商共建共享的全球治理观。

2016年到2021年，是中国政治、经济、文化全面发展、遍地开花的五年，更是中国政府承担大国责任、彰显大国担当的五年。中国推进大国协调合作，切实抓好周边外交工作，践行正确义利观和真实亲诚理念，高举和平、发展、合作、共赢旗帜，以实际行动再一次向世界证明了中国追求和平、推动合作、共同繁荣的信念，推动构建人类命运共同体的决心。中国政府和中国人民愿与世界各国人民一道，共同为维护和促进人类的和平、发展与进步事业而不懈努力。

图为 G20 杭州峰会会场

# 《浙里中国》系列2：文化繁荣

| 李昕怡　张晗一　杜梦冉

随着"一带一路"倡议日益深入人心，文明交流和文明互鉴有力带动了文化贸易和文化投资水平的提升。将"一带一路"建成文明之路，要以文明交流超越文明隔阂、文明互鉴超越文明冲突、文明共存超越文明优越，推动各国相互理解、相互尊重、相互信任。2018年是"一带一路"倡议提出5周年。5年来，中外文化交流取得了丰硕的成果。2013年至今，我国已与"一带一路"合作伙伴签署双边文化、旅游合作文件约80份，推动建立中国—东盟、中国—中东欧、中俄蒙等一系列双边、多边文化旅游合作机制，利用中意、中法、中英、中南等人文交流机制拓展与共建"一带一路"国家的合作空间。海外中国文化中心通过举办精彩纷呈的文化交流活动，为各国人民呈现了一场场形式新颖、内容多样、维度丰富的中国文化体验之旅。丰富多彩的文化交流活动将中华优秀传统文化与当代生活科技巧妙结合，展现了中华优秀传统文化的保护性传承内容和创造性转化成果，让绵延千年的丝路记忆在创新中传承，在交流中发展。

孔子学院辛勤耕耘，传播中华五千年文化。在"一带一路"倡议的持续推动下，目前，孔子学院已成为各国人民学习汉语、了解中华优秀文化和进行中外文化交流的重要平台。据统计，截至2018年年底，全球154个国家（地区）建立了548所孔子学院和1193个孔子课堂。54个共建"一带一路"国家建立了153所孔子学院、149个孔子课堂。孔子学院在建立之初就被视为中国与外国之间科学、文化和社会

交流的重要机构，其职能是教授汉语课程和传播中国文化。长期以来，它在推动中外文化交流合作方面发挥了重要作用。孔子学院采取的中外合建的非营利性教育模式，是一种平等的、对话的、合作的机制。从内容上看，孔子学院为汉语学习者提供丰富的语言课程，负责组织汉语水平考试（HSK），并开展了中国文化、经济、社会的各类主题研究活动，并逐步成为了他国学习汉语言文化、了解现代中国的重要场所。孔子学院始终支持各国间开展的各类文化、社会、经济交流活动，并为中外人文交流开辟了渠道，促进了各国人民相互理解，而相互理解正是共同解决未来全球问题的重要前提。

金砖国家也为世界文明交流提供了最佳实践。为人民谋幸福、为世界谋发展是金砖文化和旅游合作的根本目标。金砖国家文化和旅游合作应更加强调开放包容，不仅有文化和旅游的核心领域，还要促进文明层面交流互鉴，包括体现在语言、工具、文字、信仰以及民族和宗教观念等要素上的人文精神、发明创造以及习俗等。比如，强化"金砖＋"，将"宜融则融，能融尽融，以文促旅，以旅彰文"理念扩展和应用到文明交流互鉴全领域和全过程。又如，重视人工智能、5G、虚拟现实、云计算等前沿科技在文化与旅游领域的应用。用先进、适用、经济的技术推进金砖国家间的旅游便利化水平，在简化签证手续、缩短签证时间、减少签证费用、提升多语言支持和改善支付条件等方面更多应用先进技术。面临百年未有之大变

局，金砖国家更需密切沟通协调，加强合作，维护新兴市场和发展中国家共同利益，发出响亮明确的声音，文化和旅游领域的交流合作同样如此。这要求金砖国家既构建和优化各层级政府间文化和旅游磋商机制，拓展沟通渠道，提升沟通效能，努力提供日趋完善的政策保障体系和更优越的营商环境，又鼓励社会力量积极参与，在理念交流、经验借鉴、产品开发、市场推广、金融投资、技术创新应用和人才培育等方面充分考虑到不同主体的现实需求，提升其参与度，激发其积极性，从而为文化和旅游合作注入更强劲的发展动能。

以文化交流带动文明互鉴，已带动全球学习使用汉语者达1亿多人，数十个国家已将汉语纳入国民教育体系，一些国家和地区的学生已将中国作为留学的首选地。中国与其他国家和地区在基础设施建设、政治经贸、人文交流等多个领域积极开展合作，增进了各国人民之间的相互理解与尊重，顺应了和平、合作、发展的时代背景与世界人民的共同愿望，生动诠释了"国之交在于民相亲，民相亲在于心相通"的道理。

# 《浙里中国》系列 3：国泰民安

| 谢谭静 买买提·阿布都拉 杜梦冉

坚定不移走社会主义道路，是中国共产党人不变的初心；走中国特色社会主义道路，是中国共产党人发展的眼光。过去的十年，中国人民坚持中国共产党的领导，高举中国特色社会主义伟大旗帜，齐心协力发展中国社会，贡献力量共筑国际社会：网络、医疗、教育……这方方面面，有着中国人民的身影，体现着中华民族的担当。"己欲立而立人，己欲达而达人"，孔夫子的教诲我们牢记心间，"为天地立心，为生民立命，为往圣继绝学，为万世开太平"，横渠四句的余音萦绕在耳畔，中国人民站起来，富起来，强起来；中国社会发展起来，繁荣起来，于是世界将看到中国人民的力量，看到中国的力量，我们，让全球大社会更美好！

2013 年 9 月 29 日，中国上海的自由贸易试验区成立。英国《经济学人》杂志称"这是中国新领导人的一项'顶层设计'，这是对现行贸易、投资、金融和行政制度深度改革的试验场。而上海自贸区作为试点，对中国经济可起到'试金石'作用，有利于培育中国面向全球的竞争新优势，构建与各国合作发展的新平台，拓展经济增长的新空间，打造中国经济'升级版'"。截至 2014 年 11 月底，上海自贸试验区一年投资企业已累计 2.2 万多家、境外投资办结 160 个项目、中方对外投资额 38 亿美元；2015 年，自贸区已成为世界自由贸易区联合会荣誉会员。

在世界经济一体化的趋势下，亚洲也越来越成为一个命运共同体，无论是经济发展还是人口脱贫，都对基础设施提出了更高的需求。因此，在 2016 年，经过 800 多天的筹备，一个致力于改善亚洲基础设施和区域互联互通的国际多边机构在北京宣布正式开业。亚洲基础设施投资银行是首个由中国倡议设立的多边金融机构，总部设在北京，法定资本 1000 亿美元。亚投行与合作伙伴合作，通过释放新资本和投资绿色、技术支持和促进区域互联互通的基础设施来满足客户的需求。目前，亚投行的全球会员快速增长，获三大评级机构最高信用评级，也在 2018 年获得在联合国的常驻观察员地位。

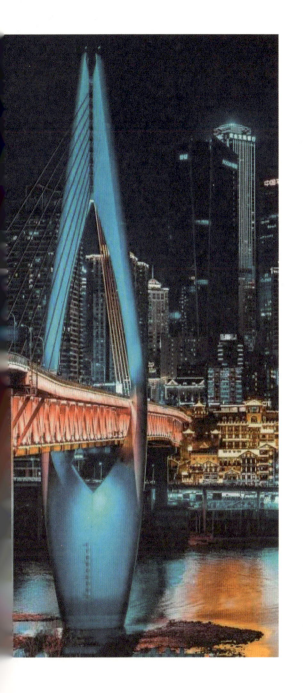

在外贸投资领域，我国正在促进外贸多样化，中国在全球投资版图中的地位不断上升，对外资的吸引力也正在提升。2021年1月24日，联合国贸发会议发布《2020—2021年全球投资趋势与展望》报告指出，2020年全球外国直接投资（FDI）大幅下降，同比降幅达42%，相比之下，中国则逆势而上，2020年中国成为世界上最大的外国直接投资接收国。2020年12月，中欧全面投资谈判通过。历时七年，共计谈判35轮。该协定被评价为"平衡、高水平、互利共赢"的全面协定；谈判成果涵盖市场准入承诺、公平竞争规则、可持续发展和争端解决四方面的内容。同时，中国也正加强与亚太经济体的关系：2020年，东盟取代欧盟成为我国第一大贸易伙伴；2020年11月，我国签署了区域全面经济伙伴关系协定（RCEP），这一签署也将加速东亚经济一体化进程，区域贸易规模有望进一步扩大，需求进一步释放。

"为世界打造一座舞台，向朋友敞开胸怀，汇聚全球精彩，共创新的未来"，中国国际进口博览会是中国着眼推进新一轮高水平对外开放作出的一项重大决策，是中国主动向世界开放市场的重大举措。2018年11月5日，首届中国国际进口博览会在上海召开，目前已连续三届成功举办，这是世界上第一个以进口为主题的国家级展会。经过3年发展，进博会让展品变商品、让展商变投资商，交流创意和理念，联通中国和世界，成为国际采购、投资促进、人文交流、开放合作的四大平台，成为全球共享的国际公共产品。

# 周章贵博士访谈实录

**问：您可以简单介绍一下您自己以及您平时的工作内容吗？**

**答：** 你们好，我是周章贵，现在是国际安保机构负责人，主要是对接中国和国际组织之间的工作。我们在日内瓦的机构叫 ICOCA，全称是国际私营安保协会，它主要的规制方式是在一些国际脆弱地区，或者说复杂环境，比如非洲、伊拉克、阿富汗这些动荡地区，当我们有一些人员派出的时候，对本国人员以及其他国家人员进行安全保障；国际法现在允许私营安保走出去保卫我们的人员，但是不允许派出公共安全力量：军队、警察。所以现在国际社会中，把安全安保力量划分为两个方面，一个是公共安全力量，是军队和警察系统；第二个是私营安保，就是用国际商业的安保公司来提供安保的能力。我现在主要负责 ICOCA 的国际规则、标准化，以及对私营安保公司进行认证。

**问：可以介绍一下国际安保规范协会架构及在商业安保的职能吗？**

**答：** OSS 国际协作中心 2016 年左右发起，结合了国内在非传统安全领域的一些智库，对接 ICOCA，2017 年左右对接了联合国系统职员机构，还有很多涉及安全安保领域的智库，做了一个协作平台。这个平台更多是和日内瓦相关的国际组织之间做一些沟通、协作。协作中有几方面任务：形成研究成果、进行国际调研、举办国际的峰会论坛。现在我主要在牵头举办非传统安全国际论坛，该论坛每年会在杭州举办，会邀请国际组织的领导专家来开会。同时我们也会走出去，到日内瓦一些国际性的组织、机构开会，尤其是 ICOCA 国际安保每年的年会，都会去对接。所以 OSS 国际协作中心更多作为中国在安保领域与国际组织对接的机构出现。

**问：中国在国际安保规范协会当中是什么样的一个定位呢？**

**答：** ICOCA 最早出了一份国际安保行为守则（ICOC），它是规制整个行业如何执行，执行标准是什么么，如何尊重东道国的人权和人道主义法，以此来规制一些国家行为体和一些安保公司注册国（我们称之为母国），还有项目所在国（我们称之东道国），涉及陆上、海上安保（如尼日利亚海湾）。海上护卫会涉及海上沿岸国的一些法律。对不同的国家，都应该制定不同的法律来相应地规制商业安保的责任和义务。

在 2008 年签订了蒙特勒文件：复杂环境下，这些国家在武装冲突期间如何规制军队、安保公司等的行为。2008 年，这份蒙特勒文件是由中国、美国、英国等 17 个国家发起的，至今有 56 国已经签署文件，已经成为安保领域基本的国际法文件。2010 年为了落实蒙特勒文件，决定建立 ICOCA，推荐最佳惯例。2013 年正式形成了 ICOCA，这是为了贯彻文件专门形成的执行机构，其现在有以下三大职能。

（1）制定标准和提高标准：现在认可的标准有三个。① PSC 是美国国防部的标准，但不是完全国际性的，更多是应用于美国还有一些美国驻军的国家；② ISO 的 28007 规则：针对海上护卫；③ ISO1878，这个标准针对所有安保公司，你在国际上有任何安保操作都要符合这个标准。这个标准对现在联合国系统、欧安会以及未来更多的国际组织和已经签署的东道国都会有要求。你在国际上举办一些大型的赛事，或者承担一些安保的服务的功能，你必须要采购 ICOCA 认证的安保公司的服务。如果没有经过 ICOCA 的认证，那么比如说国际足联在中国和国际上的一些赛事，你的中国的安保公司实际上不能承担安保的工作。这其实是国际上一种赛事，那么其他领域也一样，比如说我们的"一带一路"区域，有很多现在的投资项目以

及我们的驻外人员，他们的安全如何来保障？我刚才说了，我们的警察、我们的军队是派不出去的，那么对这部分人，我们现在主要是购买东道国的符合资质或者标准的公司的服务。我相信未来，我们更需要中国符合能力的或者符合国际规则的安保公司、人员去进行服务。

（2）监察动乱区域有没有符合 ICOC 标准，是否过度使用武器，是否伤害平民，侵犯当地人民的人权，提供人道主义的保护。2009 年，美国的黑水公司在伊拉克广场枪杀平民，被联合国制裁取缔——ICOCA 可以对被认证的公司进行制裁。ICOCA 建立之后，主要就是对这些极端性事件，这些违背国际人道主义法的安保公司，进行检测和制裁。如果有 ICOCA 认证的机构违反了规定，它可以提出相关的审查。在审查期间它可以取消机构的认证资格。

（3）申诉：吹哨人制度，公司内部可以自己检举，外部（任何第三方和个人）也可以。向 ICOCA 的网站平台举报，ICOCA 一旦接到举报会根据流程进行审查。

**问：相比欧美国家高度发展的市场化安保业务，中资安保企业总体上在量和质上都存在明显差距，那么中国在过去的几年当中，是通过哪些具体的措施来向国际安保业靠拢的呢？**

**答：** 中国是签署蒙特勒文件的十七国之一，是发起国。签署 ICOCA 的时候，我们东道国没有去签署，政府没有去签署，因为这和组织的架构和设计相关。我们允许中国的第三部门（安保公司、智库机构）去签署并加入他们的平台，因为这个机构下面的理事会是由三个部分组成的，一个是政府，不过现在参与的政府机构不多，大概有 7 个国家，美国、英国、澳大利亚还有欧洲的几个国家；二是 CSO，第三部门，民间部门，智库机构；三是产业，一些企业，安保公司。

目前我们国家加入的安保公司不多，大概就几家。因为他们标准很高，中国达得到相关标准的公司甚至未来几年能达到要求的公司并不多。当然它对国际化的要求也很高，可能我们现在一些国内的公司，它的国际化能力比较弱，甚至具备外语能力的也比较少，所以进入的数量不多。但是现在进去了的几家，他们在海上护卫也好，在非洲执行工作也好，都做得很不错。

**问：您认为在国际组织工作上有哪些能力是必备的？**

**答：**第一是掌握基本的语言。语言作为基本的工具，在国际组织工作最好掌握两种以上。欧洲的国际组织，员工都会六七种语言。第二是人际交往能力，最基本的就是联合国三大核心职业价值观：真诚、专业、尊重文化多样性。但这说着容易，做起来很难。在国际组织工作，你要和不同容貌肤色习惯的人打交道，你会发现你内心深处某种偏见是根深蒂固的，要在长时间的工作中通过训练去改变。第三是实际工作能力，因为在国际组织工作，不仅仅是在一些高端国际场所、国际会议中要做一些汇报、一些交流，或者国际系统的一些合作，很多是从事一线的外勤工作。就我个人经历，80% 工作在非洲、拉美地区，这些地区非常考验你的实际工作能力。

### 2.2.3 【第三期】中国参与国际事务案例分享

　　第三期，参营的同学们以小组形式完成一次以"中国参与国际事例案例分享"为主题的全英展示。徐雪英老师主持本次期末课程展示，并与本期训练营第一组、第三组组长、新东方讲师吕悠加及其团队、国际素养提升中心指导老师郑尧丽老师等共同参与该展示的点评。

小组案例分享文字报告

# 孔子学院：中国倡导文化交流、文明互鉴的积极实践

| 第一组

## 一、整体情况

　　为推广汉语文化，中国政府在 1987 年成立了"国家对外汉语教学领导小组"（以下简称为"汉办"），孔子学院由"汉办"承办和管理。它秉承孔子"和为贵""和而不同"的理念，推动中国文化与世界各国文化的交流与融合，以建设一个持久和平、共同繁荣的和谐世界为宗旨。

　　孔子学院是中外合作建立的非营利性教育机构，致力于适应世界各国人民对汉语学习的需要，增进世界各国人民对中国语言文化的了解，加强中国与世界各国教育文化交流合作，发展中外友好关系，促进世界多元文化发展，构建和谐世界。

　　2004 年，全球首家孔子学院在韩国首尔正式设立。在不到 20 年的时间里，截至 2019 年 12 月，中国已在 162 个国家（地区）建立 550 所孔子学院和 1172 个中小学孔子课堂。其中，"一带一路"沿线有 53 国设立了 140 所孔子学院和 136 个课堂，在欧盟 28 国、中东欧 16 国实现全覆盖。2020 年 7 月，孔子学院品牌由"中国国际中文教育基金会"全面负责运行。

|  | 孔子学院 | | 孔子课堂 | |
|---|---|---|---|---|
| 亚 洲 | 34 国/地区 | 125 所 | 22 国/地区 | 114 个 |
| 欧 洲 | 41 国/地区 | 182 所 | 30 国/地区 | 341 个 |
| 大洋洲 | 5 国/地区 | 21 所 | 4 国/地区 | 102 个 |
| 非 洲 | 43 国/地区 | 59 所 | 18 国/地区 | 41 个 |
| 美 洲 | 24 国/地区 | 161 所 | 9 国/地区 | 595 个 |

**154** 覆盖国家/地区总数　　**548** 孔子学院总数　　**1193** 孔子课堂总数

## 二、基本定位

作为中国在世界范围内倡导文化交流、文明互鉴的一种积极实践，孔子学院的基本工作是充分利用自身优势，开展丰富多彩、形式多样的教学和文化活动。

孔子学院的基本工作和所提供的服务包括：开展汉语教学；培训汉语教师，提供汉语教学资源；开展汉语考试和汉语教师资格认证；提供中国教育、文化等信息咨询；开展中外语言文化交流活动。孔子学院最重要的一项工作就是给世界各地的汉语学习者提供规范的现代汉语教材，提供最正规、最主要的汉语教学渠道。

自创办以来，孔子学院已经累计为数千万各国学员学习中文、了解中国文化提供服务，在推动国际中文教育发展方面发挥了重要作用，成为世界认识中国的一个重要平台。

经过近 20 年的发展与探索，孔子学院逐步形成了具有鲜明特色的办学模式，成为各国学习汉语言文化、了解当代中国的重要场所，在文化交流、文明互鉴等方面起到了很好的桥梁作用，在中外文化交流方面起到了积极作用。

## 三、运行与管理模式

作为中外文化交流合作机构，孔子学院主要采取四种合作模式：一是国内外高校合作，二是高校与企业合作，三是外国社团与国内高校合作，四是外国地方政府与中国地方政府合作。目前，孔子学院主要以第一种合作模式为主，主要是国内外高校合作主办。孔子课堂则主要以外国地方政府、高校或团体与我国政府合作为主。例如浙江大学与澳大利亚西澳大利亚大学（UWA）共建的孔子学院于2005 年 5 月 20 日正式揭牌成立，是中国在澳大利亚创建的第一所孔子学院；浙江大学与日本立命馆亚洲太平洋大学（APU）共建的孔子学院正式挂牌于 2007 年 3 月，是日本九州地区唯一一所孔子学院。

中国孔子学院总部（国家汉办）是全球孔子学院的最高管理机构，负责管理和指导全球孔子学院的工作，具体职能包括：制订孔子学院建设规划和设置、评估标准；审批设置孔子学院；审批各地孔子学院的年度项目计划和预决算；指导、评估孔子学院办学活动，对孔子学院的运行进行质量管理；为各地孔子学院提供教学资源支持与服务；选派中方院长和教学人员，培训孔子学院管理人员和教师；组织召开孔子学院大会。

孔子学院采取理事会管理的模式，孔子学院总部设立理事会，由主席、副主席、常务理事和理事组成。每个孔子学院内部的管理模式是理事会领导下的院长负责制。理事会大多数是建在学校层面上，是孔子学院的决策机构，院长的职责就是执行理事会的决定，负责孔子学院的日常运行。

自 2020 年 7 月开始，为了加强孔子学院的发展，孔子学院品牌由"中国国际中文教育基金会"全面负责运行。中国国际中文教育基金会是由国内多家高校、企业等共同发起成立的民间公益社会组织，旨在通过支持世界范围内的国际中文教育项目，促进人文交流，增进国际理解，为推动世界多元文明交流互鉴、构建人类命运共同体贡献力量。与以往相比，孔子学院转由中国国际中文教育基金会运作，其运作机构和模式发生了较大变化，但中外方合作机构对孔子学院的支持力度不仅不会减少，相反，由于机制和模式的改变，为孔子学院提供的支持和服务将更有力、更多元、更优化。作为社会组织，基金会将更能充分发挥筹资渠道广泛的优势，吸引和凝聚中外企业、社会组织、各级政府以及社会各界和个人积极参与，为孔子学院建设和发展注入更加强大的动力。

## 四、办学特色

由于各个国家的文化和社会环境不同，各合作高校或单位的特色各异，世界各国孔子学院的办学特色也不尽相同。

### （一）中外合作，高校联办

在美国的孔子学院大多采取与著名高校联办的形式，学术力量强，直接影响美国的主流社会。美国国防语言学院教授麦根斯说，美国联邦政府约70%的雇员住在首都华盛顿附近的马里兰州，而马里兰大学孔子学院学员中有许多就是政府官员；诺贝尔生理学或医学奖获得者巴里·马歇尔教授长期在浙江大学与澳大利亚西澳大利亚大学（UWA）共建的孔子学院学习汉语。

### （二）因材施教，灵活多样

纽约孔子学院开设了专门针对学龄前儿童的汉语课程。芝加哥孔子学院不但向中学生提供汉语课程，还为被美国人领养的中国孩子及其家长提供专门课程。密歇根州立大学孔子学院根据美国学生的特点，通过互联网进行"网上中文教学"，由院长赵勇亲手设计的汉语教学网络游戏调动了大批年轻人学习汉语的兴趣。

美国许多孔子学院还针对要到中国短期旅游的美国人、有意前往中国做生意的商业人士和想了解中国历史文化的人，"量身定做"了不同课程。

### （三）活动丰富，文化交融

孔子学院除了进行汉语教学外，还举办各种讲座，让人们在了解中国历史、文化和国情的同时，接触并了解中国政府的和谐理念。比如，在美国，马里兰大学孔子学院利用靠近首都华盛顿的地理优势，每年都在世界银行总部和美国国会图书馆举办多次有关中国经济发展和中国文化的讲座和讨论会。

此外，美国各地的孔子学院还定期举办"开放日"活动，邀请社会各界品尝中国小吃、欣赏中国音乐、展示中国文化。一些学院还举办中国文化夏令营，寓教于乐地向当地少年儿童介绍中国文化。

## 五、孔子学院的作用与困境

### （一）积极作用

孔子学院作为中外文化交流、文明互鉴的文化载体，在传播中国文化、促进中外文化交流方面起到了积极作用。以中国传统文化传播为例，孔子学院让世界从根本上了解中国传统文化中"和为贵""和而不同""天人合一"等优秀价值理念，及这些理念对于解决世界上存在问题和分歧所提供的有益启示，以便世界更好地理解当代中国，特别是从文化上理解中国的发展。

可以说，孔子学院作为一种文化载体和交流桥梁，它向世界更加明确表达了中国对构筑和谐世界发展理念的基本立场，也为世界理解中国为什么要构筑和谐世界及构筑和谐世界的历史的、哲学的传统文化背景提供了可供世界及中国相互对话的舞台。

在国家文化软实力方面，孔子学院在弘扬中国传统文化方面发挥了重要作用。它为世界了解中国提供了平台，为中国更好地走向世界探索出了一条切实可行的路径。从传播学角度看，这条路径既反映传授者与接受者之间的平等互利关系，也在传播路径上开辟了一种传播主体与客体同时互动的模式，避免了常规传播中客体被动接受的局面。从现实情况看，孔子学院将传授语言学习与传播中国传统文化相结合，能够使学习者从中更好地把握中国文化产生的人文思想根源。从传播效果看，与传统传播模式不同，孔子学院作为一种文化品牌，实际上构成了中国活跃在国际舞台上的软实力，这种软实力与中国日益强大的硬实力相得益彰。尤其需要强调指出的是，孔子学院以语言教育的形式在那些曾对中国持有偏见的国家传播中国传统文化，使当地民众对中国文化从不接触、不了解到主动学习，这种潜移默化的变化正是中外民间交流不断增强，进而促进相互理解的体现，为民间外交注入了新的内涵。

由于孔子学院采取外方作为办学主体、中方合作承办的模式，所以对于调动所在国地方政府、社区居民和当地华人社会的力量有着重要意义。它突出了以文化的功能促进和改善中外友好合作关系，有利于中国在国际舞台上掌握更多的话语权。

**（二）发展困境**

众所周知，近年来，随着中国经济的发展及国际地位的不断提升，海外所谓"中国威胁"的论调一直不绝于耳，孔子学院的发展面临着较大困难。例如一些欧美发达国家的民族主义论者将孔子学院对中国传统文化的传播视为一种变相地进行所谓"政治制度"或"意识形态"的输出和渗透。从根本上说，"中国威胁论"的出现反映了国外相当一部分人对中国传统文化的无知或狭隘的理解。因此，如何发挥孔子学院文化品牌优势，因势利导、因材施教，有效开展海外汉语言教育和对中国传统文化的传播，仍是目前孔子学院发展壮大的关键。

以美国为例，自 2014 年芝加哥大学百名教授联署反对设立孔子学院后，宾夕法尼亚大学、北佛罗里达州大学等将近 10 所美国大学先后终止了与孔子学院的合作。2019 年，美国政府问责办公室和美国参议院常设调查委员会分别发布报告，提出对中国在美国设立的孔子学院进行调整与改革，或者直接关闭。当年 3 月 18 日，来自新泽西州的共和党众议员史密斯（Rep. Chris Smith, R-NJ）再次推出决议案，主张在美孔子学院要依据《外国代理人登记法》(Foreign Agents Registration Act) 进行注册，并要求美国政府部门进行评估。对孔子学院的攻击在美国达到高潮。

根据英国广播公司（简称 BBC）的分析，美国在以下几个方面表现出日益见长的疑虑。首先，美

国对孔子学院对学术自由的影响表示担忧，认为孔子学院"被中国政府控制"，会避免谈论个别敏感话题。其次，有美国学者担心孔子学院为开展情报收集活动提供便捷，认为中国在孔子学院上投资超过1.5亿美元，却对学员实行免费，足以体现中国政府"居心叵测"。再次，还有观点认为孔子学院充当了"宣传机器"。美国国会成立的美中经济与安全审查委员会（USCC）就发布报告提出，孔子学院的中文教学充当了"增强中国软实力与提出北京认可的历史版本这一更大计划的一个重要平台"。如此看来，在美方眼中中国在美设立的孔子学院堪比"特洛伊木马"，平和下隐藏着深重的危机。

## 六、对发展困境的原因分析

### （一）文化软实力的差距

西方资本主义国家经历了两次工业革命，国家生产力迅速发展，科技突飞猛进，在世界上处于领先地位。而经济发展是文化传播的动力，在欧美发达国家的先进生产技术和产品在世界各地供给的过程中，其文化与产品一起被传播到世界各地。更重要的是，西方国家在全球主流媒体中占据主导地位，控制着世界文化传播的主要渠道。例如美国最突出的文化输出利器——好莱坞大片，在吸引年轻人欣赏的同时，也在一直用美国价值观与生活方式影响着他们，达成文化传播甚至文化入侵。

反观中国，在当前由西方主导的世界政治文化体系中缺乏足够的主导权。它也表现在文化领域的方方面面：例如中国的文化品牌，尤其是具有代表性的优质文化产品较少，中国的好电影被外国引入的屈指可数；汉语的传播广度远远没有英语广泛，汉语对于初学者的难度非常大，在文化学习上更是一种非常大的挑战。

### （二）民族主义或逆全球化的影响

孔子学院在各国也受到一定程度的抵制，这种现象在美国尤为明显。例如之前的签证事件（2012），遣返具有J-1签证的孔子学院教师；芝加哥大学、宾夕法尼亚大学等美国高校拒绝孔子学院继续合约；颁布国防法案（National Defense Fiscal Year 2019）强迫美国各大高校必须要在"美国国防部"和"孔子学院"中做二选一的选择题；同时也会用"抑制学术自由""呼吁正确反应言论自由"等蹩脚理由抵制孔子学院。

孔子学院在美国的"屡屡碰壁"实则折射出近年来中美关系的恶化。根据盖洛普（Gallup）2019年3月11日公布的年度世界事务调查数据，只有41%的美国人表示对中国有好感，大幅下降至2012年以来最低点，比去年下降了12%。自2018年下半年以来，中美贸易战硝烟不散、中期选举充斥着对华质疑，中美关系降温明显。美国对华的猜疑与敌视情绪激化，掀起了抵制孔子学院行动的又一波高潮。

孔子学院在俄罗斯的遭遇同样如此。受西方国家影响，俄罗斯也会将"文化入侵"这个刻板印象强加到孔子学院头上。与政府积极合作背道而驰的雅库茨克孔子学院在建立的第二年即2010年就被联邦安全机构关闭。理由是雅库茨克靠近北极圈，是世界上最冷的城市，冬季平均温度在-34℃。在此设立孔子学院，俄罗斯安全部门怀疑中方别有意图，有通过意识形态的渗透和经济扩张危及国家安全的危险。

2012年新西伯利亚市检察院指控新西伯利亚国立大学孔子课堂未注册为非营利组织，收取学费而不纳税。俄罗斯中央政府介入后，新西伯利亚市检察院撤诉。2015年7月布拉戈维申斯克市检察院又以该市国立师范大学孔子学院未注册为非营利组织，没有聘请外籍教师从事教学活动的法律依据，孔子学院在运营的过程中由于单独设立了文化课，有文化宣传、文化倾销的倾向，违反俄罗斯法律（俄罗斯的法律规定，专门的文化机构一定要设置在莫斯科，如果设置在其他地区必须由两国政府签署协议，否则进行文化宣传都被视为违法），把孔子学院定性为外国代理人和非政府组织。"外国代理人"在俄语中拥有为外国间谍和情报机构从事活动的含义。该检察院向法院提出申请，要求停止中国孔子学院一切活动。尽管最后在中俄两国政府的协调下孔子学院仍继续运营，但是对孔子学院的文化传播活动及教师的管理更加细化和严格。之后的几个月俄罗斯境内的其他孔子学院也受到了严格的审查。

**（三）孔子学院自身存在的问题**

近20年间，孔子学院不断发展，在中外文化交流中发挥了重要作用，但其自身存在的问题也进一步制约了其发展进程。

一是教材及师资力量的问题，孔子学院所使用的教材缺乏权威性，也没有统一的标准，从《论语》《三字经》到《汉字100声旁》《彩虹桥中文阅读丛书》，从历史韵味浓重到当代的汉字教育，可见其教材选择的随意，缺少一个对于中文初学者学习中文的统一标准，进而会导致他们对于中文的学习难上加难。在师资条件上，孔子学院的教师（志愿者）数量匮乏；受此影响，教师的整体教学水平参差不齐。

二是文化活动内容设置失衡。其表现之一是：汉族文化多，少数民族文化少。中华民族具有多元一体的格局。作为中国主体民族的汉族和55个少数民族共同组成了中华民族共同体。"把汉族和汉人文化等同于'中华民族'和'中华文化'的思维定式，对于构建国家层面的各族共同的政治文化和'中华民族'认同具有极大的破坏性。"中华文化是绚烂多彩、丰富多样的，但是孔子学院文化活动存在展示汉族文化多、少数民族文化少的问题。这容易给活动受众造成中华文化是"铁板一块"的汉文化形象，不利于国家形象的构建。中国的朝鲜族、哈萨克族、蒙古族、俄罗斯族等民族为跨境族群，其民族文化不仅是中华文化的有机组成部分，也与毗邻国家主体民族文化同质性明显。孔子学院既应该介绍这些文化，又应当充分认识到其对孔子学院汉语和中华文化传播的重要价值。以新疆少数民族语言和文化为例，新疆少数民族语言文化是汉语和中华文化在中亚地区传播的独特资源。在中亚传播汉语和中华文化时增加跨境族群文化内容，可以强化理解和信任，增强情感认同，激发学习者的热情；树立良好的中国形象和新疆形象，消除因片面或不实报道产生的负面影响。

文化活动内容失衡表现之二：传统文化多，当代文化少。一提到中国文化，中国人就会为自己上下五千年悠久的历史造就的传统文化而自豪。由此在孔子学院文化活动中出现的问题便是，对中国传统文化展示过多而对中国当代文化展示较少。具体表现为对以儒家文化为代表的中国传统文化占比过重，而对于改革开放和 21 世纪以来的中国当代文化却很少涉及。当代中国文化具有传统文化的影子，是中国传统文化的承继、革新和发扬。孔子学院应适当增加当代文化在文化活动中的比重，可以更好地提高中国对海外民众的吸引力，促进中国国家形象的正面传播。这一点对于海外青年而言表现尤为明显。以儒家文化圈中的韩国为例，韩国影视剧和流行音乐等为代表的当代文化对韩国文化的传播功不可没。世宗学堂作为韩国语言文化传播的机构便充分利用海外民众对流行文化的喜爱这一优势，在传播韩国文化活动中设置了许多当代文化的内容。

文化活动内容失衡表现之三：物质文化多，行为文化和精神文化少。文化根据其表征形式分为建筑、器物等物质文化，礼仪、民俗等行为文化，制度、价值观等精神文化。物质文化为表层文化，行为文化为浅层文化，精神文化为深层文化。孔子学院根据物质文化看得见摸得着、易吸引人的具象性特征，"寓教于做"开展了形式多样的文化体验活动，有效地促进了中华文化的呈现和传播。但是，孔子学院在开展具体活动时存在物质文化多、行为文化和精神文化少的问题。具体表现为孔子学院教师在举办剪纸、扎灯笼、编中国结等文化体验活动时，缺乏对这些物质文化深层次的讲解和分析，多是教会学员如何制作而已。以"囍"字剪纸体验活动为例，教师重点给学生讲授如何折纸、剪刻等制作过程，而将红双喜背后蕴含的中国人的关于对称审美、颜色喜好、婚姻习俗等文化知识的讲授置于次要位置。物质文化是"引子"，孔子学院教师应思考如何使其过渡到行为文化和精神文化，说明其背后所反映的中国人的精神旨趣。否则，文化体验活动就成为简单的手工艺制作课。

## 七、发展路径与展望

### （一）求同存异，以发展的眼光正视冲突和质疑

我们应当在互相尊重和互利共赢的基础上开展合作交往，同时照顾他国的合理关切，积极沟通协商，配合他国的审查需要。以美国为代表的部分西方国家视孔子学院为"宣传机器"或文化侵略的"特洛伊木马"，甚至疑其实行间谍活动，这样的指责显然是带有恶意且无凭据的；但考虑到文化活动和文化推广等行为，我们应当用真诚和配合去打消他们的顾虑。

同时，在国内、国际媒体上增加对孔子学院的合理宣传，为孔子学院正名，增进理解，培养信任，积极回应质疑。也可以参考国外类似文化机构的发展模式，例如德国的文化推广机构歌德学院，其在伊朗等国家的发展同样经历了开设、关闭、再开设的曲折过程。我们应当冷静公允地对待对孔子学院的警惕、质疑和批评，包容分支机构的停办或关闭要求。

### （二）千锤百炼，培养软实力中的"硬素养"

提升孔子学院的管理水平，需要制定一套完善和系统的教学质量和成果评估机制。目前孔子学院的教师主要由外方合作院校汉语教师、中方汉语教师、志愿者和留学生组成，很多教师没有受过专业

教师培训，在教学方法上仍旧缺乏经验。因此，需要进一步严格把关外派教师的审核和评估，加快本土教师队伍建设和培训，扩大师资储备，培养一批专业素质过硬，具有强烈使命感和责任意识，对外语的掌握能力强，对外国文化有了解的教师团队。

另外，进一步加大力量促进教材和配套学习资源的开发，针对不同层次人群、满足不同需要，考虑外国人的生活和思维习惯，增加有特色的辅助学习资料，提高学习者的兴趣。

### （三）和而不同，打造文明互鉴的友好名片

我们应该正视差异，由于历史、文化、价值观的不同，来自国外的不同看法是正常的，不应该成为隔阂和对立的理由。

相反，我们应该努力超越社会制度和意识形态的差异，寻找海内外人民思想感情的共通之处，挖掘中国文化内核中能唤起人类普遍情感共鸣的精华，比如，具有调和适度内涵的"中庸"之道。

我们应该用更平等的姿态、更温和的态度讲述中国故事，孔子学院不应该用来传道布道、输出或倾销价值观，而是一张坦诚交流、平等交往的中国圆桌，我们在此增进理解，扩大共识，相互借鉴，取长补短，广交朋友。

### （四）进一步改善和创新国际传播

在传播理念方面，孔子学院应围绕构建人类命运共同体展开文化传播。2014 年，习近平主席在联合国教科文组织总部的演讲中指出："文明因交流而多彩，文明因互鉴而丰富。文明交流互鉴，是推动人类文明进步和世界和平发展的重要动力。"与西方的文明冲突论不同，我们应该站在人类命运共同体的高度，正确看待各国之间的文化差异。历史经验告诉我们，一种文化的传承与发展更多依靠的是自身魅力而非外在强力，任何不尊重别国文化的行为势必会引起人民的反感甚至反抗。中华文化崇尚和谐共生，正如孔子所说，"君子和而不同"，求同存异、平等互利是我们始终秉承的理念。因此，孔子学院在海外的文化传播，要充分表达出和睦共处、共同繁荣发展的愿景，在文化交流的过程中尊重彼此之间的差异。

在传播方式方面，孔子学院应不断创新发展，以更好地适应不同的文化环境。习近平主席曾说："文明是包容的，人类文明因包容才有交流互鉴的动力。海纳百川，有容乃大。人类创造的各种文明都是劳动和智慧的结晶。每一种文明都是独特的。在文明问题上，生搬硬套、削足适履不仅是不可能的，而且是十分有害的。一切文明成果都值得尊重，一切文明成果都要珍惜。"文化差异是客观存在的，在文化交流的过程中，如果我们一味以自己的叙述风格、叙述方式、叙述习惯来讲述中国故事，很可能会导致文化误解的出现，甚至引发不必要的冲突。要想达到预期效果，我们就要融入当地，采用当地受众易于接受的方式，将中国故事、中国声音准确无误地传播出去。这也意味着，我们要充分了解不同国家和地区的受众心理，用当地人喜闻乐见的叙述方式来讲述，在讲述的时候要尽量做到客观、公正、细腻。在这一方面，孔子学院中外合作办学的模式可以十分灵活地适应当地受众的需求，真正做到因地制宜，充分考虑不同地区的不同发展情况，从而打造最合理的办学模式，近年来网络孔

子学院的发展以及越来越多元化的文化活动也印证了这一点。例如 2017 年，各地孔子学院从饮食、电影、文学等多个角度与当地主流文化机构合作，提高了文化活动的水平，也使其文化影响力得到了扩展。

在传播内容方面，孔子学院可以对当代中国文化进行一些深入探讨，并加强对外派教师和志愿者的培训。目前，孔子学院基本采取的是"汉语＋"的模式，并通常附带如武术、中医等中华传统文化的教学，而对当代中国文化涉猎较少。中华优秀传统文化的宣传固然重要，但如果仅仅停留在肤浅的涉猎，那么就有可能在传播过程中导致文化的庸俗化。换言之，中国一些有形的传统物质文化虽然可以吸引外国人的兴趣，但是长久来看，并不能全面呈现中国文化的核心和精华。很显然，这种浅层次的文化传播有待进一步发展，这需要传播者改变叙事方式，在跨文化传播手段、策划方案等技巧性问题方面有所突破。因此，国家汉办在对外派教师进行培训时，需要注意培养教师的责任感和使命感，同时要注意对外派教师的跨文化沟通能力和汉语教学能力的协调培养，使其能够更好、更顺利地将中国文化传播出去。

### （五）运用一种比较的方法论

在方法论层面，孔子学院的发展要运用换位思考和比较的方法。孔子曾说"己所不欲，勿施于人"，换言之，也可以说"己之所欲，也不要强加于人"。过去，以西方为代表的发达国家，总是觉得我先进，你落后；我文明，你野蛮；我就把我的先进和文明强加给你。一直以来，这种方式让我们尤为反感。从文化的角度来考量，确实有很多事情很难用先进与落后、文明与愚昧来衡量。因为一种特殊的文化产生往往是跟它当时的社会环境以及当地的其他所有因素结合在一起。因此，随着中国的日益崛起，我们要尽量避免这种把自认为先进的、文明的东西强加给别人的做法，即在孔子的"己所不欲，勿施于人"的基础上，再引申一步"己之所欲，也不要强加于人"。

## 八、总结

通过对孔子学院的整体情况、发展定位、办学特色、积极作用和存在问题以及发展路径与展望等分析，我们可以认识到，一种国家或文化只有具有真正的实力，才会有魅力，只有"软影响"真正确立，文化的传播才能更广泛、更深入。21 世纪，在中国的国际化地位和影响力真正树立的进程中，包括孔子学院在内的中国文化的国际化推广才会真正有绵延不绝的生命力和创造力。

作为中国向世界展示自己的一张重要文化名片，在全球化日益深入的今天，我们要打造好、宣传好、利用好孔子学院这一重要文化交流平台，塑造中国形象，传播中国声音，讲好中国故事。向世界说明中国，依然任重而道远。

## 参考文献

[1] 习近平. 共同构建人类命运共同体——在联合国日内瓦总部的演讲 [EB/OL]. （2017-01-19）[2022-06-30]. http://www.xinhuanet.com/world/2017-01-19/c_1120340081.htm.

[2] 谷甲斌. 孔子学院文化活动现状及问题与对策 [J]. 云南师范大学学报（对外汉语教学与研究版），2022，20（1）：22-30.

[3] 莫言. 孔子学院怎样讲好中国故事？[J]. 商周刊，2013，437（26）：84-85.

[4] 王怡仙. 孔子学院如何讲好中国故事 [J]. 人民论坛，2018，606（25）：138-139.

[5] 王彦伟，孔浩鹏. 一个欧洲学者眼中的孔子学院——评 Falk Hartig《中国公共外交孔子学院的兴起》[J]. 公共外交季刊，2019（3）：102-110+128-129.

[6] 王义桅. 孔子学院与公共外交三步走 [J]. 公共外交季刊，2014，19（3）：7-11+125.

[7] 吕振华，赵忱. 后疫情时期在美孔子学院面临的挑战与对策 [J]. 华北水利水电大学学报（社会科学版），2021，37（2）：110-114.

[8] 环球网. 打击孔院是美国国家自信衰减的表现 [EB/OL]. （2020-10-17）[2022-06-30]. http://opinion.huanqiu.com/article/40JK6r8oj34.

[9] 孔子学院总部. 讲好中国故事，传播好中国声音——孔子学院筑建联通中国和世界人民的"心灵高铁"[J]. 紫光阁，2015，264（12）：48-49.

[10] 曹凤霞，李碧权. 从孔子学院看中国文化的传播与传承现状及反思 [J]. 长春大学学报，2014，24（1）：46-49.

[11] 周宇豪. 孔子学院传承中国优秀传统文化的传播学研究 [J]. 华北水利水电学院学报（社科版），2013，29（1）：111-113.

[12] 胡俊帆，金子真. 孔子学院"碰壁"背后的文化外交困境 [EB/OL].(2019-03-23)[2022-06-30].http://www.ccis.sdu.edu.cn/info/1009/2249.htm.

## 评语

本案例对于孔子学院的发展、内部管理模式、文化传播作用、存在问题、问题产生的原因做了比较全面的论述，并对于如何解决问题提出了自己的建议，案例结构非常完整。美中不足的是，作为一个非营利机构，是否可以将孔子学院放在 NGO 的框架下讨论，借鉴其他 NGO 成功运作的案例，这样可以对孔子学院存在的一些问题，包括经费来源、运作的规范性方面有更深入的比较研究，也能够提出更有建设性的建议。

# 中国在"一带一路"共建中对妇女权益的建设

| 第二组

## 一、世界妇女大会

2021 年 9 月 11 日至 13 日,"凝聚女性力量,共建'一带一路'"2021 中国一东盟妇女论坛在桂林举行。本届论坛以"新形势下妇女与可持续发展"为主题,由中华全国妇女联合会、自治区政府联合主办。

其实,国际层面对于妇女权益的保护很早就已经开始了。

妇女问题一向是联合国社会和发展领域的重点之一。联合国成立后的第二年,就设立了一个妇女地位委员会,专门就有关妇女权利的紧迫问题进行研究,制定促进措施。

1972 年在联合国妇女地位委员会 24 届会议上,将 1975 年定为"国际妇女年"。

1975 年 6 月 19 日至 7 月 2 日在墨西哥城为纪念该年为"国际妇女年",召开了联合国成立以来第一次专门讨论妇女问题的政府间的世界大会。这也是第一次世界妇女大会。

世界妇女大会 (World Women Conference) 是世界妇女组织的重要会议。为促进全世界妇女事业的发展,联合国迄今已召开过 4 次世界妇女大会。

举办世界妇女大会是总结世界妇女事业发展的成果,对探求进一步推动世界妇女事业发展的途径,具有十分重要的意义。

妇女是创造人类文明的一支伟大力量。促进男女平等,关系到妇女的切身利益、人类的创造能力的全面发挥和社会生产力的充分解放。

以行动谋求平等、发展与和平,是全球妇女的心声,也是各国人民的共同愿望、国际社会的共同追求。妇女的命运关系到世界的和平与发展。

## 二、世界妇女大会的影响与意义

习近平主席在世界妇女大会 25 周年大会上发表了重要讲话,其中"妇女是人类文明的先驱者,社会进步的促进者"的讲话表明我们对妇女的权利和价值的重视。

新冠疫情严重影响了许多行业的女性,但作为一个负责任的大国,中国以积极和负责任的方式行事。在中国抗击疫情的斗争中,女性高举半边天,不畏艰险,夜以继日地战斗,坚守前线,用勤劳和智慧谱写着绚烂的诗篇。因此,中国在疫情期间积累了丰富的经验,可以更好地在世界妇女大会上提供建议,帮助女性恢复正常的工作与生活。

世界妇女大会的主要目的是追求两性平等、赋予妇女权利并促进妇女事业的落实。同时,中国以实际行动践行建设人类命运共同体的理念,这与世界妇女大会的核心是一致的。因此,作为这一理念的倡导者和实践者,中国一定能够为全球协调应对妇女平等权益作出贡献。

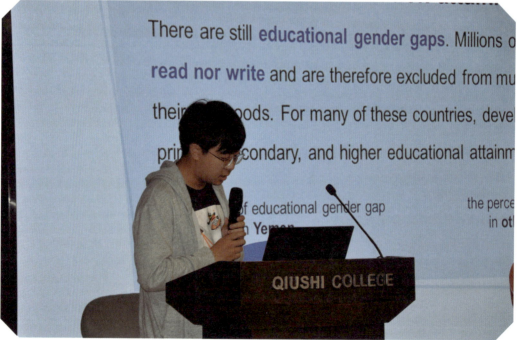

作为发展中国家妇女权益保护的典型案例，其他国家特别是发展中国家可以借鉴中国的经验。在中国，对妇女的歧视大大减少，妇女的声音不再被忽视。同时，中国一直致力于提高妇女受教育机会，努力减少就业歧视。换言之，我们在追求经济发展的同时，也保障了妇女的权益。

中国有足够的世界影响力和经济实力来执行有关决策和向其他国家提供援助。改革开放以来，中国经济增长对世界经济增长的贡献率年均超过 30%，对全球减贫的贡献率超过 70%。"一带一路"倡议提出以来，已有100 多个国家和国际组织积极响应和支持，68 个国家和国际组织与中国签署了合作协议。我们日益增长的全球力量使中国有足够的信心举办好世界妇女大会，并为其他国家妇女事业的发展和妇女权利的保护提供指导。中国不再仅仅是国际会议的参与者，更要成为国际事务的领导者。

## 三、"一带一路"共建国家妇女所处现状

### 1. 教育程度：仍存在教育性别差距

根据世界经济论坛 2021 年发布的全球性别差距指数，有 156 个被调查国家 / 地区中，有 9 个国家的性格差别指数在 0.6 以下。成千上万成年女性既不会读也不会写，因此被排除在改善生计的多种途径之外。对其中许多国家来说，发展带来的挑战阻碍了女孩和男孩接受小学、中学和高等教育，因此必须做更多的工作，以减少性别差距，同时让新一代掌握未来的技能，参与并促进本国的经济发展。

### 2. 健康和生存：许多国家女性死亡率处于较高水平

由于性别偏见和性别选择带来的忽视等问题，许多国家的女性死亡率过高（5 岁以下）。

### 3. 经济参与和机会：妇女在劳动力市场的代表性不足

在劳动力市场中，女性劳动力缺乏代表性，并且私营和公共部门高级和管理职位中性别差距现象也十分明显。此外，女性担任高级职务的人数有限，也表明"玻璃天花板"仍然存在。解决妇女工作和进步的规范和法律障碍的问题仍然是所有国家决策者和企业的优先领域。除了获得工作机会方面的不平等外，经济差距仍然是职业妇女及其家属关注的一个主要方面。

### 4. 政治赋权：女性在政治中地位不高

妇女担任部长职位的人数不足。审视一个国家的最高政治地位，发现很少有女性担任过国家元首。

## 四、中国对"一带一路"共建国家妇女的援助

### （一）案例解读

**【案例 1】中国妇联提高小额物资援助的针对性**

全国妇联以小额物资援助形式支持丝路沿线发展中国家的妇女发展。党的十八大以来向蒙古国、老挝、南非、赞比亚等 15 个国家提供小额物资援助 19 批，共计人民币 665 万元，为当地妇女捐建学校、妇女培训中心、交流中心，送去生产生活物资，改善她们的生活和工作条件，加强妇女能力建设。

【案例 2】中国技术助共建"一带一路"国家女性防癌

2019 年 3 月 28 日，中国妇幼保健协会与武汉大学兰丁人工智能细胞病理诊断研究中心在京联合宣布：兰丁宫颈癌人工智能云诊断平台自 4 月起向全世界开放。届时，世界各国，特别是共建"一带一路"国家的妇女有望得到由中国的人工智能技术提供的高质量低成本宫颈癌筛查服务。这一平台可以让医疗专家与基层受检妇女在网上直接对接，减少医院等中间环节，使高端的医疗资源有效下沉。

【案例 3】中国向共建"一带一路"国家的妇女提供教育援助

近年来，我国职业教育积累了丰富的经验，充分发挥了职业教育国际援助的作用，构建了女性职业教育援助机制，这是在研究南亚国家职业教育发展和部分南亚国家政府对女性职业教育做出有效援助的基础上的培训项目。

## （二）作用与意义分析

1. 关键——促进妇女在"一带一路"共建中发挥特殊作用。

深耕对沿线重点国家、重点机构和组织、重点人物的工作。坚持睦邻、安邻、富邻，进一步优化合作交流平台，加强"一带一路"共建各国妇女组织的交流，进一步推进妇女区域合作与多边交流，发挥各国政界、商界、文化界女性领导人和名流在改善与我国的关系、共促妇女发展中的特殊作用。

2. 助力——帮助沿线国家妇女加强能力建设、积极拓展妇女领域发展项目合作。

交流各国妇女发展经验，共同研讨问题挑战、寻求破解之道，不断增进共建国家妇女之间的相互理解，寻找互利共赢新的合作增长点，为实现共建国家联动发展注入"女性能量"。

3. 保障——资助基础设施建设与技术共享。

以小额物资援助的方式为"一带一路"共建发展中国家和地区捐建相关设施与资源，并在相关技术领域进行分享和援助，从而从经济赋权、扶贫、反家暴、生理健康等领域为共建国家妇女提供更多帮助与保障。

4. 宣传——传播权益知识，激发妇女政治参与积极性。

立足中国视角，以国际表达方式，生动阐述中国梦与妇女梦的内涵及实现路径，客观诠释中国梦与世界梦的关系，讲好中国妇女"自尊、自信、自立、自强"的精彩故事，促进扩大中华文化的国际影响力，增强价值感召力、文化吸引力、形象亲和力，推进妇女心与心的交流与沟通，打造各国妇女和谐友好、共同发展的文化生态环境，激发妇女政治参与积极性。

妇女领域的交流合作是"一带一路"民心相通的重要组成部分，是增进民心相通的重要工作内容。习近平总书记明确要求在"一带一路"共建中做好沿线重点国家政府、大学、研究机构、智库、企业、媒体、民间组织和政治人物、专家学者、企业家、社会知名人士等方面的工作，目的就是积极培育知华、友华力量，加强包括妇女在内的各方面人士对"一带一路"共建的情感认同。

# 五、总结与展望

无论是第四届世界妇女大会的召开还是中国在"一带一路"共建中对妇女权益保障的援助，无不展现了中国凭借其独特的政治优势、高速发展的经济形势和源远流长的优秀文化发挥着大国的领导力，大国风范与开放包容的国际态度尽显。

正如我国国策中强调的那样，我们应该建设的是平等、和谐、文明的性别关系。现如今共建"一带一路"国家男女在人类价值观、权利、尊严、机会和责任等方面的平等已经在各个国家的不懈努力下得到了很大的改善，而我国青年要展望的未来应当是从自我出发的未来，是将自我融入不断推动妇女权益建设中去的未来。

对于未来的进一步发展来说，最重要的便是作为女性而言对自我权益的争取。事实上，不管是国家制定法律还是国际组织为实现妇女权益的不断努力，最终的实现都建立在妇女本身对平等的向往和对自身利益的明确上。我们应该在知法懂法、了解相关资讯的基础上通过参加相关的宣传活动让更多妇女明白如何去保护自己，如何去维护自身的利益，从思想根本上去改变这一现状。

在第四次世界妇女大会中我们可以发现，对于女性权益的争取是循序渐进、由表及里的，随着目标和措施一步步地具体化，妇女地位也一步步得到提升。我们所说的男女平等，是需要男女有着一样的权利、一样的义务，也许这对于现在的我们来说是一种目标，但是本质上来说它应该是女性生来就应该拥有的权利，是一种对自由的选择和期许。

中国在"一带一路"共建中对妇女权益保障的种种支持之举让我们对未来充满了信心。即使现在的中国依旧存在着一些不平等的现象，存在着令人痛心的一幕又一幕，但是我们依旧怀揣着希望，相信未来会更加光明。

## 评语

　　妇女解放、健康和文化素养提升是发展中国家整体教育水平提升和经济发展的重要基础，中国对共建"一带一路"国家妇女的援助对于共建"一带一路"国家的持续发展有深远的战略意义。本案例主要阐述了妇女权利保障问题的起源，分析了共建"一带一路"国家妇女在健康、教育和劳工市场的参与状况，提供了中国对共建"一带一路"国家通过卫生技术、金融支持、教育援助提升妇女健康、经济地位和受教育程度的具体案例，可以对案例内容做进一步细化和总结，以便为中国对发展中国家妇女相关援助提供可借鉴的经验。

# 唤醒灵魂——中国对外教育援助担当

| 第三组

## 大背景：中国开展教育对外援助

**起步（全球）：** 国际教育援助从二战后兴起至今。第二次世界大战结束后，美国政府实施的"马歇尔计划"和"第四点计划"拉开国际发展援助的序幕，国际教育援助也随之展开。联合国教科文组织先后通过《仁川宣言》（首次以 UNESCO 的名义提出，发达国家、中等收入国家和新兴工业国家要通过"官方发展援助"，积极承担向发展中国家提供教育援助的责任）和《2030 年教育行动框架》，进一步明确了教育可持续发展目标。

**起步（中国）：** 中国对外援助起步于第三世界反帝反殖反霸斗争。新中国从一开始就是一个社会主义国家，同时也认为自己属于广大被压迫民族和国家的一员。中国誓言联合亚非拉被压迫民族共同反对帝国主义的侵略。1949 年《中国人民政治协商会议共同纲领》第十一条规定了新中国外交的基本政策与原则："中华人民共和国联合世界上一切爱好和平、自由的国家和人民，首先是联合苏联、各人民民主国家和各被压迫民族，站在国际和平民主阵营方面，共同反对帝国主义侵略，以保障世界的持久和平。"

**原因：** 有西方学者提出"软实力"，认为"软实力"不同于威胁或利益诱惑，是一种塑造人们喜好的能力。国际政治中的"软实力"大部分来自一个国家或组织所体现的价值观、国内管理和政策所提供的范例以及处理外部关系的方式。美国在全球范围内开展国际教育援助，将国际基础教育援助视为提高其全球竞争力的"软实力"，加强与各个国家和地区的合作，一方面能在国际舞台上增强美国的话语权，赢得国际支持，提高国际影响力，另一方面有利于美国更好地掌握受援国的发展动态，维持其对世界发展的影响。

**背景：** 全球性的学习危机依然存在，有 2.63 亿儿童和年轻人没有上学的机会。当今世界"去全球化"声音和"逆全球化"思维泛滥，中国向世界提出了"中国方案"——构建人类命运共同体，在国际关系中从政治、经济、文化、安全和生态等多维度去构建共建共赢共享的价值导向。根据里程碑事件划分，我国社会组织参与对外援助大致经历了原生态、次生态、衍生态与新生态四个发展阶段。

**目的：** 对外教育援助是重要的人文交流方式，不仅有助于改善受援国的教育条件，也是援助国提高国际影响力和培育国家软实力的重要途径，是促进民心相通的重要方式。在"一带一路"和人类命运共同体的框架下，民心相通被我国提上了战略的高度，而对外教育援助是打通心与心的隔阂、消弭人与人的距离的重要方式。把中国人民的利益同各国人民的共同利益结合起来，支持和帮助发展中国家特别是最不发达国家减少贫困、改善民生，实现各国共同发展，这是中国对外援助的主要目的。

**意义：** 国际教育援助不仅能够改善受援国的教育基础，提高它们的教育质量，也是援助国展现其独特的文化、意识形态、政治价值观的重要方式，有助于改善援助国的国家形象，提高其文化的亲和力和吸引力，从而增强国家的影响力。国际教育援助不仅有助于改善受援国的教育条件，还带动了援助国内部的各要素向受援国进行多层次的扩散和渗透，使援助国与受援国的社会民众有着深入的接触和了解，从而促进了不同国家的民众之间在价值观念上的交流和互动，是援助国提高国际影响力和培育国家软实力的重要途径。

现状：中国政府历来重视对发展中国家教育领域的援助。中国教育援助内容主要包括：援建学校、提供教学设备和资料、派遣教师、在华培训发展中国家教师和实习生，为发展中国家来华留学生提供政府奖学金等。

表1  2016 年 OECD 发展援助委员会的前十大教育援助国及其教育援助金额
（包括双边与多边资金，单位：美元）[5]

| 经合组织发展援助委员会教育援助国 | 教育援助金额 |
| --- | --- |
| 德国 | 22.94 亿 |
| 美国 | 16.8 亿 |
| 英国 | 15.71 亿 |
| 法国 | 13.57 亿 |
| 日本 | 7.37 亿 |
| 挪威 | 4.26 亿 |
| 韩国 | 2.78 亿 |
| 加拿大 | 2.74 亿 |
| 澳大利亚 | 2.73 亿 |
| 意大利 | 2.34 亿 |

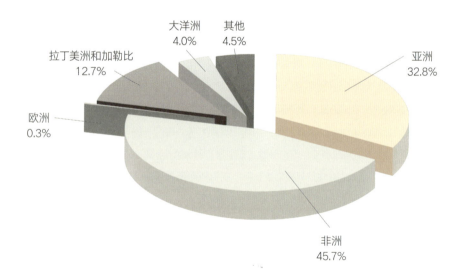

图 1  2013—2018 年中国对外自主资金分布情况（按区域及国际组织划分）

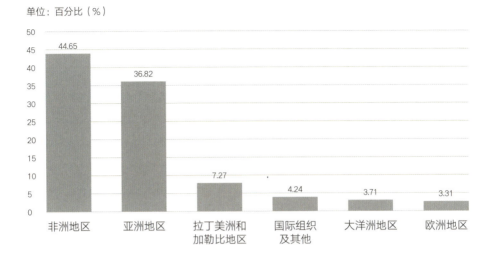

单位：百分比（%）

图 2 2013—2018 年中国对外自主资金分布情况（按区域及国际组织划分）

## 小背景：中国对（非洲）教育援助

根据国务院发布的《中国的对外援助 (2014)》白皮书显示：2010—2012 年，中国共向 121 个国家提供了援助，其中非洲地区 51 国，是中国对外援助的主要地区。从援助资金的地区分布上看，非洲占了中国对外援助资金总额的 51.8%。从中国对非教育援助的发展过程看，已从 20 世纪五六十年代的派遣援非教师、接收非洲留学生为主，发展到今天的对非人力资源培训、提供更多政府奖学金、对非汉语教学、中非高校间合作、在非洲援建各类学校等。2013 年 3 月，中方表示将积极实施"非洲人才计划"，未来 3 年将为非洲培训 3 万名各类人才，提供 1.8 万个奖学金留学生名额。

## 中国国际教育援助角色

（一）援助基础教育和职业教育项目，保障生存权和发展权，是人类命运共同体题中应有之义。

（二）援助汉语推广和人才培养项目，促进文明交流与对话，加深对人类命运共同体理念的国际理解。

（三）援助政府奖学金和海外志愿服务项目，促进青年交往和民心相通，夯实人类命运共同体的民意基础。

**理论：**中国对非援助不附加政治条件，尊重受援国自主发展。党的十八大以来，中国对非援助在"政治上要秉持公道正义，坚持平等相待""经济上要坚持互利共赢、共同发展"的正确义利观指导下，全方位、宽领域积极拓展，加大力度打造"中非命运共同体"。"第三世界是广大发展中国家，它们受压迫最深，反对压迫、谋求解放和发展的要求最强烈，是反帝、反殖、反霸的主要力量。"

当今时代主题依然是和平与发展，在经济全球化与区域经济一体化的背景下，加强同发展中国家的密切联系是我国对外战略的重要出发点。中国是世界上最大的发展中国家，非洲是发展中国家最集中的大陆。相似的历史遭遇、共同的历史使命把中国和非洲紧紧联系在一起。因此，加强与非洲的联系是我国实施外交政策的客观要求，是我国和平崛起的重要保障。发展同非洲国家的团结合作是中国对外政策的重要基石，也是中国长期坚定的战略选择。中国和非洲国家在争取民族解放和国家独立的斗争中相互支持，持续深化政治互信；在实现经济发展和民族振兴的道路上互帮互助，不断拓展合作新领域；在重大国际和地区问题上密切协调，共同捍卫国际公平正义。进入新时代，习近平主席提出真实亲诚对非政策理念和正确义利观，为新时代对非合作指明了前进方向、提供了根本遵循。习近平主席在北京峰会上同非洲领导人一致决定，构建更加紧密的中非命运共同体，深入推进中非共建"一带一路"合作，在中非关系史上树立了新的里程碑。

国务院新闻办公室 2021 年 11 月 26 日发表《新时代的中非合作》白皮书，其中教育方面的内容如下：

鼓励学术与智库合作。中非支持双方学术研究机构、智库、高校开展课题研究、学术交流、著作出版等多种形式的合作，优先支持开展治国理政、发展道路、产能合作、文化与法律等课题研究与成果分享，推动壮大中非学术研究力量。80 余个中非智库学术研究机构参加"中非联合研究交流计划"。2012 年，中非合作论坛第五届部长级会议倡议实施"中非智库 10+10 合作伙伴计划"，建立"一对一"长期合作关系。2019 年 4 月，中国非洲研究院在北京成立。

我们通过以下两个案例进行论证分析。

**案例一：中国援南苏丹教育技术项目（基础教育方面）**

**一、现实必要性**

南苏丹于 2011 年 7 月 9 日建国，是目前世界上最年轻的国家，经历了多年战乱以后，政治、经济、社会、教育等各方面亟待发展，教育更是被列为仅次于国防的重点发展领域。作为新成立的国家，南政府希望从根本上对教育进行全面改革、创新，从教育体制机制、教学资源、教学语言等方面摆脱原苏丹政府的影响。

然而建国以后，南苏丹的教育几乎是从零起步，教材及相关教学资源奇缺是南苏丹面临的最为紧迫的教育难题。南苏丹中小学所使用教材部分来自其他国家的援助，部分仍沿用苏丹时期的旧教材，没有统一规划、设计；且不同教学材料来源不一，造成教材衔接不当、不成体系等问题。同时，南苏丹的教材在数量供应上也远远不能满足需求。根据南苏丹官方数据，小学阶段学生与教材数比约为 5：1，即 5 个学生共同使用 1 本教材，中学阶段则约为 7：1。

**二、概述**

中国援南苏丹教育技术合作项目，是由我国商务部立项主导，中南出版传媒集团股份有限公司具体承担、天闻数媒科技有限公司统筹执行的我国首个综合性"教育援外"项目。2014 年 6 月，中南传媒正式向商务部申报"南苏丹教育综合发展项目"。经过几番洽谈、实地考察，2016 年 11 月 23 日，商务部正式以"援南苏丹教育技术援助项目"为名立项，委托中南传媒执行由商务部立项主导、中南出版传媒集团具体承担的国内首个综合性教育援外项目，实施协议在南苏丹首都朱巴签署并于 2017 年 1 月 15 日正式开始实施。2021 年 12 月 6 日，中国援南苏丹教育技术援助二期项目启动仪式在南苏丹首都朱巴举行。

### 三、具体展开

#### （一）总体援助方向

结合南苏丹国情特点和教育现状，援南苏丹教育项目从五个模块切入：顶层教育规划、教材开发、教师培训、ICT 教师培训中心建设和教材印刷。

#### （二）第一期援助项目的实施步骤

1. 教育政策指导：2017 年 1 月，南苏丹数学、科学、英语小学 1～8 年级教学大纲修订工作启动。2017 年 3 月、7 月期间，中南传媒派遣教育顶层报告撰写专家组去往南苏丹实地考察，搜集素材、召开研讨会，产出了《南苏丹教育发展考察报告》、《南苏丹教育信息化建设指南》和《南苏丹教育现代化建设指南》等文件。

2. 人才资源援助：首批安排 58 名南苏丹教师来华培训，顺利完成后，作为"种子教师"，他们回到南苏丹进一步培训当地教师。后续又安排了第二批 140 余名南苏丹"种子教师"来华培训。2017 年 3 月、7 月、10 月，针对南苏丹的 3 批共 198 名教师的培训工作圆满完成。

3. 教材编写和教育设施援助：承担了南苏丹小学（一至八年级）数学、英语、科学 3 个科目的教材编写，力求为南苏丹的师生奉上量身定制的教材，助力南苏丹教育重建。为了编制出更符合南苏丹教育需求的优质教材，在启动教材编写之前，中南传媒做了大量的前期调研工作。不仅派遣了教育专家远赴南苏丹实地调研，还多次组织国内专家会议，对包括南苏丹在内的世界多国教材进行了充分的比较研究。南非、英国、美国、澳大利亚、加拿大、德国、法国、芬兰等十三国的小学数学课程标准、教材，都成了当时编写数学教材过程中专家们时常翻阅比对的资料。2017 年 2 月至 2018 年 5 月，共计 84 个品种、130.4 万册教材全部印刷完毕，顺利发港，由南苏丹教育部签收。团队还承担了南苏丹用于教师培训的 ICT 培训中心的建设。2017 年 8 月，ICT 中心搭建完成，并由南苏丹政府验收。2018 年 1 月—2 月，面向南苏丹当地教师的 ICT 中心使用培训完成。

2017 年 3 月 17 日，援南苏丹项目第一期教师培训正式开班

南苏丹骨干教师在西安考察新知小学

### （三）第二期项目预期援助方向

二期项目将在南教材体系建设、教育人员培训、双方文化交流等多方面展开。主要内容包括为南开发编印和提供小学英语、数学、科学教材和部分中学教材；培训南师资及教育管理人员；开发提供教材使用评估系统；派遣 2 名中文教师赴朱巴教授中文，设立中国语言学习中心；提供部分教学物资。项目实施期限为 3 年。

### 四、实施成效

**1. 立足当前实际，为南苏丹促生长远教育规划。**

南苏丹国内教育体系搭建尚处于摸索阶段。项目通过顶层规划设计，对南苏丹现存的教育问题进行了梳理，对包括中国在内的世界其他国家的教育发展案例进行了介绍，有助于南苏丹政府从国家层面规划长远战略与政策。

**2. 解决实际问题，为南苏丹提升教育造血功能。**

项目通过为南苏丹 10 万名师生提供百万册教材，实实在在地缓解了南苏丹教材短缺压力。教师培训为受训教师输送先进教育理念与专业技能，并通过他们在南苏丹发挥榜样、辐射作用，提升了南苏丹师资力量培育的造血功能。

3. 加强经验交流，为南苏丹缩短教育摸索周期。

在项目执行过程中，南苏丹教育工作者与中方专家并肩合作，不断交流，从中国这样一个兄弟国家身上，汲取了极具借鉴价值的经验，这有效缩短了南苏丹在教育领域的摸索期。

## 五、项目特点和模式的持续创新

援南苏丹教育技术合作项目着眼于这些国家的教育体系建设、规划、课程教材开发、教育人员培训、教材教辅印刷、教育监测预评估以及信息技术平台的搭建。这种以贡献中国智慧、中国方案及规划为主体的系统性教育软援助合作方式，我们称之为"南苏丹模式"。

联合国教科文组织专家孟鸿伟说："我们始终有一个思想，就是受援国主导方式，考虑到他们的经验，在他们需求的基础上，提供我们的帮助；而且是一种分享合作，而不是从上而下地说我们要你们做什么。"

目前，我国对外援助主要受援国来自亚非拉等发展中国家和地区，援助模式按内容和方式可分为基础建设和提供物资援助等常规援助，以及在当地进行各类技术合作、邀请受援国人员来华参加人文培训的"软援助"两种类型。这种文化教育走出去的全新模式，能使我们的文化输出产生持久的力量，甚至会影响当地一代一代的学生和教师，中华文化在这个国家长久生根发芽才具有可能性。天闻数媒科技有限公司总经理杨沐分析说，援南苏丹教育技术合作项目一个最重要的内容就是帮助南苏丹制定国家层面的教育战略规划、相关政策制度及课程标准，这样的站位能够保证后续各阶段的教材开发、教师培训等工作有章法地融入中国价值理念，也能够保证我国长期地、持续地在南苏丹实施教育项目运营。

## 【案例二】中非（南）职业教育合作联盟

### （一）产生

2017 年 4 月，中国南非两国建立高级别人文交流机制。为丰富机制内涵，推进与南非职业教育务实发展，加强产教融合，促进中国职业院校和企业联手"走出去"，2018 年 1 月，教育部中外人文交流中心与南非高等教育和培训部工业和制造业培训署以及中南两国相关政府、院校、企业等 58 家单位在中国常州共同发起成立"中国—南非职业教育合作联盟"。

2019 年 11 月，为促进中国与非洲其他国家职业教育合作和交流，助力"一带一路"建设和中非命运共同体构建，经联盟中方理事会研究决定，"中国—南非职业教育合作联盟"更名为"中非（南）职业教育合作联盟"。

### （二）联盟架构（如下表）

| 首届理事长、常务副理事长、副理事长、执行秘书单位 | |
|---|---|
| 序号 | 理事长单位 |
| 1 | 教育部中外人才交流中心 |
| **常务副理事长单位** | |
| 2 | 常州信息职业技术学院 |
| 3 | 黄河水利职业技术学院 |
| **副理事长单位** | |
| 4 | 杭州科技职业技术学院 |
| 5 | 杭州职业技术学院 |
| 6 | 南京工业职业技术学院 |
| 7 | 苏州职业大学 |
| 8 | 无锡职业技术学院 |
| 9 | 温州职业技术学院 |
| 10 | 博众精工·苏州科茵斯智能科技有限公司 |
| 11 | 华为技术有限公司 |
| 12 | 亚龙智能装备集团股份有限公司 |
| **秘书处单位** | |
| 13 | 教育部中外人文交流中心 |
| **执行秘书处单位** | |
| 14 | 常州信息职业技术学院 |

### （三）目的

联盟旨在搭建开放性平台，秉持共商、共建、共享理念，推动中南职教合作，深化产教融合，创新技术技能人才培养模式，发挥教育培训在促进人文交流和经济发展、产业升级中的先导性、基础性和广泛性作用。

### （四）工作内容

（1）搭建联盟成员单位交流合作平台。鼓励成员单位开展资源共享、项目对接，实现互联互通、优势互补，深化人才培养、境外办学和产教融合等领域合作。比如"苏州市职业大学海外技能人才培养助力本地制造业走出去"活动。

（2）统筹南非学生教师来华学习培训项目。在联盟框架协议下推动联盟成员单位与南非方签订学生和教师来华学习培训项目合作协议；定期召开工作会议促进项目有序开展，并进行项目实施质量的监督评估。

其中，关于学习培训的具体案例有"苏职大——南非等国留学生参观康力电梯股份有限公司""苏职大——我校组织南非学生赴环力科技和朗坤自动化参观交流""温职院——我校第二批南非留学生'喜'迎新春""杭州科技珍爱生命，远离毒品——机电工程学院开展南非学生禁毒宣传教育活动""温职院——我院与华联机械集团举行校企合作暨南非留学生实习协议签约仪式""浙江机电——2018级南非留学生3D打印课程顺利结业"等。关于访问交流的具体案例有"南京工业——校领导率团赴南非拓展国际合作""温职院——南非高教部能源与水利培训署副署长一行来访我院""黄河水利——南非高教部水利和能源代表团到访校""苏职大——汽检专业南非学生参加国际教育园汽车维修技能比赛""温职院——南非NORTHLINK学院莱恩布瑞恩·比奇校长一行来访我院""南京工业——南非中国文化和国际教育交流中心领导来访校"等。

（3）开展面向南非及其他非洲国家的国别和区域研究。联合申报人文交流、产业发展等相关领域课题，研究分析中国与南非及其他非洲国家的发展战略对接、产业合作及技术技能人才培养，为职业教育走出去，服务"一带一路"建设提供咨询。

（4）搭建中外交流合作平台。推动在中南、中非双边及多边框架下建立并畅通行业人文交流工作机制，促进教育、文化、科技等各领域人文交流。相关案例有"中南人文交流智库论坛"。论坛结合2019广东21世纪海上丝绸之路国际博览会主题论坛，并作为该活动的重要组成部分举办，旨在服务粤港澳大湾区发展，推进落实"一带一路"建设、中非合作论坛北京峰会，以及中南高级别人文交流机制会议精神要求，合作推进中非青年发展和人力资源开发，促进人文交流与政治互信、经贸合作深度融合，为推动构建中非命运共同体和人类命运共同体作出贡献。

（5）在共同感兴趣的领域，开展其他内容与形式的合作。在对中国教育对外援助的背景分析中，我们站在世界的视角看中国的担当，在中国的视角看世界的多元；通过具体的案例，我们看到了中国对外援助的具体措施与成效，在赞叹中国教育对外援助的硕果的同时，我们反思回顾已有的经验教训并总结出更加完善的教育对外援助方案，思考新时代中国青年能够为教育对外援助作出哪些贡献。

通过论证分析，总体而言，我们不难发现中国教育对外援助呈现出以下特点。

1.中国教育对外援助代表发展中国家利益。

2. 教育援助无条件化：不附带任何附加条件，不以援助效果为是否继续援助的依据。

3. 援助领域全面化：基础教育、高等教育、职业教育。

4. 援助形式多样化：人力支援、智力支援、物力支援。

5. 教育对外援助稳步推进：中华人民共和国成立后起步，经历了初步探索时期、快速发展阶段和改进创新阶段。

6. 关注弱势群体：关注妇女和青少年的教育。

7. 注重教育对减贫成效：扶贫先扶智慧。

8. 教育在"一带一路"建设中具有基础性、先导性作用。

由此可见，中国的教育对外援助展现了大国担当，在对外援助的同时也为我们营造了一个良好的教育氛围。经过以上的综合分析，我们也可以获得国家和个人两个维度的反思与启发。

**对于国家而言：**

1. 国家要加强顶层设计，充分考虑国家发展的总体战略。开展对外教育援助时，应加强顶层设计，以系统的观点统筹全局，充分考虑国家发展的总体战略，为提升国家形象和国家软实力服务。我国应改变被动参与国际组织活动的做法，应根据国家需要，对共建"一带一路"国家开展援助，让世界了解中国、亲近中国，在世界上提高我国的政治影响力。

2. 教育援助应充分考虑受援国的切实需要。对外援助要精准有效，需要大量调研并充分考虑受援国的切实需要，不能凭借主观经验浪费资源做无意义的事情。

3. 教育援助应立足我国的发展要求，善于运用我国的优势。我国作为新兴的对外教育援助国家，应充分考虑自身在高等教育领域的优势学科和专业，选择自身擅长的领域，从而使援助能够充分反映我国高等教育的发展成就，并能解决受援国高等教育面临的实际问题。

4. 教育援助应硬件与软件相结合。在教育对外援助的过程中，不可忽视其中的任何一方，应该坚持硬件与软件相结合，既注重基础设施援助又注重人才援助，推动教育可持续发展。

5. 健全监督评价体系，提升对外教育援助效果。当前我国对外教育援助仅仅是对最终成果进行监督评价，缺少前期考察、中期跟踪的整合性监督评估。为了保证对外教育援助的质量和绩效，我国应该建立动态的全过程监督评价机制，对援助过程的不同阶段进行实时监督，根据阶段性评估结果及时调整援助方案，以降低援助资金使用不当的风险概率；还可建立专门的第三方社会组织对成效进行评估。

6. 以鼓励多元主体参与扩大对外教育援助力量。中国国际教育援助缺乏民间活力。可以联合国内外多个高校和科研院所组建"援助联盟"，汇集不同学校的专业优势，鼓励包括民企、国企在内的企业群体共同助力援助行动并充分重视社会组织在援助过程中的力量，减轻官方单方援助的压力并提高援助的质量与时效性。

总之，教育促进文化理解和民心相通的作用不言而喻，中国国际教育援助不能只停留在物质层面的合作，而是要寻求更多的价值层面和精神层面的交流和理解，中国国际教育援助还有更多可以发挥作用的空间和机

会，要使中国成为国际援助体系中负责任的大国，全面提升中国的积极影响力。

那么，新时代中国青年又该如何积极参与其中呢？

**对于青年人而言：**

1.青年当前的主要任务仍然是学习，新时代的中国青年要扎实专业素养，学好科学文化知识，打磨"金刚钻"。只有基础打得牢，只有术业有专攻，才可能作出一番贡献。

2.在国际化交流的时代，新时代中国青年应该努力提升合作、沟通、表达与领导力。面对着越来越复杂的世界难题，我们需要的不是超强的个人，而是超能合作团队，在合作中，我们才能拥抱更加美好的未来。沟通与表达能力是人与人建立联结的桥梁，只有将自己的意旨准确地传达给对方，沟通交流才有效。领导力是发挥建设性作用的关键，学会整合资源、运用资源，并让万物各得其所，幸福与活力就会弥漫每个人的生活。

3.在文化多元化的背景下，新时代的中国青年应该培养跨文化的包容胸怀和开放视野，通过教育促进文明交流互鉴。"美美与共，天下大同"，在尊重文化多样性的基础上，不同文明相互借鉴、共同成长。

4.新时代中国青年应该积极地参与全球教育治理，熟悉利用既有规则，以中国经验贡献教育新理念的形成与规则的制定。同时要充分利用联合国机构和其他多边平台，以南—南合作和南—北—南合作方式推动跨国教育交流与合作。在百年变局之际，最为重要的一点是新时代中国青年要与时俱进、终身学习、灵活应变，怀着包容的心态和昂扬的姿态，继续前行。

中国将继续唤醒灵魂，在教育对外援助的过程中助力教育可持续发展！

## 评语

教育援助是中国作为负责任大国对外援助合作的重要内容，对于构建人类命运共同体有非常重要的意义，而对非教育援助是中国教育对外援助的重要组成部分，本案例较为详细地介绍了中国和南苏丹基础教育技术援助和中国—南非职业技术教育合作的背景、合作内容和合作成果。案例后续可以从国家软实力理论和国际影响力角度进一步整合案例的内容，提升案例分析框架的完整性和分析深度。

# 中国在国际农业减贫事务中的参与

| 第四组

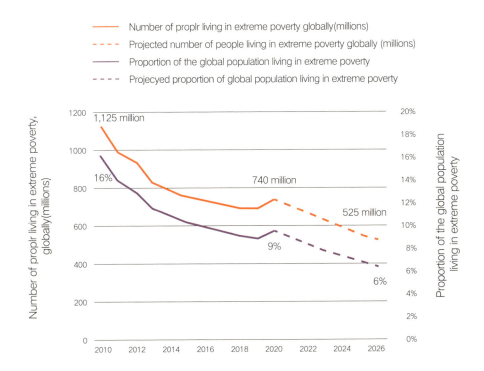

— Number of proplr living in extreme poverty globally(millions)

---- Projected number of people living in extreme poverty globally (millions)

— Proportion of the global population living in extreme poverty

---- Projecyed proportion of global population living in extreme poverty

Source: Development Initiatives based on World Bank PovcalNet and IMF *World Economic Outlook*

资料来源：基于世界银行 PovcalNet 和货币基金组织《世界经济展望》的发展倡议。

## 一、主题介绍

首先是关于贫困。减贫是联合国 17 个可持续发展目标中的第一项。根据 Poverty Trends 的数据，在今天，仍有超过 7 亿人（占世界人口的 9%）生活在极端贫困中，这意味着他们每天的生活费不足 1.90 美元，意味着他们无法获得社会保障，意味着他们对医疗、教育、用水和卫生设施等最基本的需求仍无法得到满足。

关于区域和国家贫困趋势，我们可以发现在世界大多数地区，赤贫的数量和发生率正在下降，但在非洲仍然稳定甚至上升。

中国和印度的极端贫困人口在全国范围内的减少幅度最大。2010 年至 2021 年间，这两个国家有超过 4.07 亿人摆脱了极端贫困。

但是 2010 年至 2020 年期间，撒哈拉以南非洲的 26 个国家生活在极端贫困中的人数有所增加。尤其是因为 COVID-19 的大流行，世界各地的极端贫困更有可能会加剧。

同时在经济贫困之外，我们还重点关注着全球的粮食贫困问题。根据粮食及农业组织（FAO）建议的成年人每日能量摄入量，每位成人每天 2100 千卡，是食物贫困线的全球标准。然而不幸的是，虽然自 1999 年以来，生活在粮食贫困中的人数下降了 2/3，但仍有 4.6 亿多人生活在粮食贫困线以下。

面对全球依旧严峻的贫困问题，中国为消除贫困作出了很多贡献。中国不仅在国内彻底消除了极端贫困，并且通过技术、资源援助的方式帮助了世界各地的人民。

## 二、针对粮食方面中国对外援助的具体案例

### （一）浙江大学

在 2021 年 12 月 9 日，由联合国粮食与农业组织（粮农组织）和浙江大学联合主办，"第二届全球农创客大赛" 成功举办。来自近 40 个国家的共 157 支全球青年农创客团队踊跃参加。在比赛过程中，来自各地的团队分别展示了他们的方案与设想。加纳团队 Grow For Me(GFM) 展示的是一款用于农业社区的微型聚合器平台 (MAP)。他们主要通过移动支付向非洲农村地区提供小额融资，以协助当地承购商从非洲农民手中收购农产品，并向当地农民实时提供市场价格信息，目前已在非洲 9 个国家和地区广泛使用。这将为非洲多个农业市场带来前所未有的机遇，推动非洲大陆商品聚合和小农融资的数字化。

来自德国的 EPTeck Technologies 团队展示的则是一种基于物联网的精准农业解决方案。该系统基于对空气中湿度、温度等数据的收集和分析，通过手机应用程序和自动化设备控制灌溉和施肥等，可以大幅提高农业资源的利用效率。

在比赛中，各国青年表现了他们对农业的创新性想法以及推动全球实现更好的生产、更好的营养、更好的环境和更美好的生活以达到减贫目的的责任感。

正如联合国粮食与农业组织首席科学家伊斯玛罕·埃洛阿菲（Ismahane Elouafi）女士所说，"在新冠疫情影响的背景下，农业与食物系统需要创新解决方案来应对全球挑战"。举办这项大赛也体现着我们学校、我们国家对全球治理，尤其是通过粮食进行减贫的参与。

### （二）中国在对外的粮食援助方面的努力

通过围绕知识分享、技术交流、人员互访等内容与斯里兰卡当地农户进行合作，提升了农户对于气候变化等方面的应对能力，帮助了斯里兰卡提振经济和减贫发展。

通过援建农场、农业技术示范中心、农业技术试验站和推广站，兴建农田水利工程，提供农机具、农产品加工设备和相关农用物资，派遣农业技术人员和高级农业专家传授农业生产技术和提供农业发展咨询，为受援国培训农业人才等，中国积极帮助了老挝提高农业生产能力，大大提升了玉米、稻谷的产量，成功应对了粮食危机。

中国农业技术在巴西农田的应用促进了农田增产、农民增收，创新的杂交水稻技术使得马达加斯加农民克服干旱的危机，保障了粮食供应。

除此之外还有很多案例，在世界范围内我们都能看到中国农业的身影。

**（三）与国际组织的合作**

中国不仅与非洲、亚洲、拉丁美洲等地区的国家在减贫事业上开展合作，还通过许多国际组织在世界各地区的减贫工作中发挥建设性作用。

我国与其他金砖国家一同成立金砖国家农业农村发展论坛，并在金砖国家合作机制下，打造农业国际合作示范区，举办高级别国际减贫论坛，开展农业技术援助以推动农产品贸易和投资合作，不断加强与发展中国家在农业发展和减贫领域的深度合作。

我国还与联合国世界粮食计划署（WFP）合作，大力推广菌草技术。新冠疫情防控期间，世界粮食计划署还与中国政府合作在广州建立了联合国人道主义应急枢纽。由此可见，作为负责任的发展中大国，中国政府在致力于自身农业发展和减贫的同时，向粮食署提供了无条件的援助。

从 20 世纪 60 年代起，南南合作成为发展中国家间的经济、技术合作项目。通过设立"中国—联合国和平与发展基金"和"南南合作援助基金"，中国积极参与全球粮食安全治理，聚焦于粮食生产能力提升、农业生物多样性保护、小农户价值链提升等方向，帮助广大发展中国家增强粮食安全保障能力。此外，通过全面落实南南合作圆桌会上宣布的"100 个减贫项目"，包括 100 个减贫项目、100 个农业合作项目，中国为促进发展中国家农业发展和减贫贡献了自己的力量。

除了传统意义上的国际组织外，中国还通过一些新兴的国际组织开展国际农业减贫合作。例如，总部设立在中国的国际竹藤组织，就是一家针对竹和藤这两种非木材产品的国际组织，也是至今第一家总部设在中国的

全球性政府间国际组织。该组织的工作重点是通过开发竹藤资源，创造就业岗位，从而结束一切形式的贫穷，保护竹藤资源，以应对气候变化。世界竹藤组织与可持续发展目标深刻联系，在推动发展中国家消除贫困方面作出了巨大的努力。

由此可见，在农业方面，中国主要通过成立全球性论坛、深入研究前沿农业科技、推广农业生物技术、直接提供资金援助、合作开发农业减贫项目等参与国际农业减贫工作。中国的农业扶贫模式也有很大的推广意义，在国际上讲好中国"扶贫故事"，提升中国国际形象，加强国际减贫合作，分享扶贫经验，加强扶贫外交，促进多元全球减贫新格局的形成，构建利益共同体，促进全球贫困治理机制的改革与完善……这些都是中国的减贫模式推广在世界上的应用。

## 三、小结

中国在国际农业减贫事务中的积极参与使我们认识到中国在国际事务参与中所体现出的大国担当和人道主义精神。中国从"制造"大国向"创造"大国的转型，也体现了中国在国际减贫方面向科技创新领域的转变。中国有句古话，"授人以鱼，不如授人以渔"，中国不单纯依靠资金援助，更加注重技术、人才的援助。

作为新时代中国青年，我们应该将自身就业的选择与国家命运结合在一起，重视农业现代化，助力全球减贫事业发展。

## 参考文献

[1] 徐婷 . 中国对莫桑比克农业援助问题研究 [D]. 成都：四川农业大学，2020.

[2] 赵继国 . 央企在海外：播种粮食，收获情谊 [J]. 国际人才交流，2020，364（9）：52-54.

[3] 何青 . 中非·案例方案典范 | 走进中国在非最大规模水稻种植项目：万宝农业园 [EB/OL].（2019-06-01）
    [2022-07-10]. https://hn.rednet.cn/content/2019/06/01/5568141.html.

[4] 海外网 .《山海情》原型林占熺：从沙地和草木中走出的首席科学家 [EB/OL].（2022-01-09）[2022-07-
    10]. https://baijiahao.baidu.com/s?id=1721431947179354824.

[5] 孙竞，李依环，郝孟佳 . 总书记提到的《山海情》原型林占熺，他是谁？ [EB/OL].（2021-11-22）[2022-
    07-10]. http://cpc.people.com.cn/n1/2021/1122/c64387-32289088.html.

## 评语

本案例强调了减贫对于实现联合国 17 个可持续发展目标的重要性，主要通过浙江大学农业科技减贫、中国农业技术援助减贫、中国参与全球减贫援助基金等系列案例，充分展现了中国在各个不同层面参与全球减贫治理的活动。建议案例可以围绕为何减贫、如何减贫、减贫成效三个问题对于内容做进一步整合，可进一步拓展到中国通过参与全球减贫的成效评价，提供一些相关项目和数据的支撑，这样会更有说服力。

# 中国参与全球气候治理
## ——以推进共建"一带一路"绿色发展为例

| 第五组

冰川消融、极端气候、粮食减产、物种灭绝……近年来这些名词频频成为人类关注的重点话题。它们背后有着一个共同的主题：气候变化。在世纪疫情和百年未有之大变局交织下，似乎整个世界在气候治理上都显得乏力了许多。世界怎么了？我们怎么办？作为气候治理这场"硬仗"中一贯的行动派，中国在气候变化的严峻挑战下，不断通过自身理念与实践，为全球气候治理贡献中国智慧和有效方案，推动全球气候治理合作行稳致远。2021年10月27日，国务院新闻办公室发表《中国应对气候变化的政策与行动》白皮书，提出牢固树立共同体意识、贯彻新发展理念、以人民为中心、大力推进碳达峰碳中和、减污降碳协同增效5项中国应对气候变化新理念，为全球气候治理贡献了独特的中国智慧。作为"一带一路"的主要倡导国，中国同样将"一带一路"发展融入全球可持续发展事业，积极推动"一带一路"绿色发展。为此，本文以中国推进共建"一带一路"绿色发展为例，探究中国参与全球气候治理实践。

## 一、选题背景

### （一）气候治理的急迫性和意义

#### 1. 气候变化成为全球焦点问题

经过一个半多世纪的产业化和农业大规模扩张，地球森林面积大大下降，大气层中的温室气体不断积聚，达到了三百万年来的最高水平。在温室效应愈发显著的作用下，全球变暖成为气候问题的中心，由全球变暖导致的气候变化成为全球焦点问题。

气候变化以各种形式不断引起人们的关注和忧虑：刚刚过去的2021年成为有史以来年均温最高的7年之一，干旱带来的饥荒正紧扼东非数国的咽喉，北极的冰盖正以肉眼可见的速度融化，澳大利亚大堡礁出现了大量的白化珊瑚礁……

对此，人类早已有所醒悟并尝试以全球合作的方式来应对。1992年，《联合国气候变化框架公约》通过，旨在将温室气体保持在较为稳定的水平，明确了发达国家和发展中国家相区别的义务；1997年，《京都议定书》签订，人类首次对温室气体的排放做出了规定；2015年，《巴黎协定》签署，明确了要将全球变暖上升的均温控制在2℃以内（目前工业化时代以来）。

#### 2. 当下气候治理遭遇逆流

尽管全球合作来进行气候治理早已成为主流，但近年来仍有逆流的出现。这主要体现在两个方面：第一，美国大肆推行"美国优先"的理念，罔顾各种气候治理的国际公约自行其是，如2020年美国退出《巴黎协定》；第二，意识形态的对立和国家利益的冲突影响气候治理的东西合作，不少别有用心的西方政客忽视合作。

### 3. 中国日益成为气候治理中坚力量

挑战方显勇毅，责任方显担当。面对气候变化这一威胁全人类的棘手难题，面对全球气候治理的逆流，中国挺身而出，日益成为气候治理的重要参与者、贡献者和引领者：中国坚持做《巴黎协定》规定的各项义务的坚定履行者，倡导建立一系列绿色发展国际组织和论坛；尤其是近年来，面对复杂严峻的国内外发展环境，中国坚持统筹疫情防控和经济社会可持续发展，坚定不移地走生态优先、绿色低碳发展道路，坚持推进"碳达峰""碳中和"。其中，"一带一路"倡议下的绿色发展尤为引人关注。

### （二）选题意义

首先，推进共建"一带一路"绿色发展实实在在地体现了中国参与全球气候治理的绿色发展理念。作为"一带一路"倡议的主要倡导国，"一带一路"绿色发展取得的成就是衡量中国参与全球气候治理的重要标准之一，体现了中国在促进全球可持续发展中的作用。其次，通过对中国推进共建"一带一路"绿色发展具体案例的分析，我们能够了解中国在全球气候治理大局中的地位，总结"中国经验""中国智慧"和"中国方案"，并对存在问题提出建议。最后，对案例中青年行动的分析突出了青年在气候治理中的角色，进一步明确了青年职责。

## 二、中国参与全球气候治理的情况

### （一）总体情况

中国参与全球气候治理大致经历了两次角色转变：从参与者到贡献者，再从贡献者到引领者。

1988—2006 年，参与者：中国积极但被动地参与了全球气候治理。中国在重要的国际会议中都表明了态度、申明了立场，并同发展中国家一起捍卫国家主权，维护国家利益。

2005—2015 年，贡献者：一方面，中国积极发挥联合国框架下的气候变化国际谈判的主渠道作用，富有建设性地参与谈判，推进气候变化谈判进展；另一方面，中国本着"互利共赢、务实有效"的原则积极参加和推动国际合作。中国向发展中国家提供气象监测预报预警设备、节能灯、太阳能发电系统等物质资源，与广大发展中国家实施了技术合作，提高了发展中国家应对和减缓气候变化的能力。其次，中国加强与发达国家的对话与合作。中国与美国、日本等国家和地区建立了气候变化领域对话和合作机制，不断拓展和深化双方合作内容。

2015 年至今，引领者：一方面，中国以高标准、高目标要求自身，积极务实地履行《巴黎协定》的承诺，作为全球气候治理的先行者，引领全球气候治理实践。另一方面，中国"以共商共建共享"的全球治理观引领全球气候治理体系构建。在此理念的指导下，中国积极开展气候外交，发挥发达国家与发展中国家间的桥梁作用，推动国际多边合作，力所能及地帮助发展中国家应对气候变化。

## （二）推进共建"一带一路"绿色发展

中国坚持把绿色作为发展底色，携手各方共建绿色丝绸之路，通过与共建国家在不同领域、不同层面和不同机制的合作，将绿色投资和绿色金融、循环经济、节能减排、能源清洁利用、新能源可再生能源开发、应对全球气候变化等内容纳入"一带一路"的倡议中，在基建、能源、交通、金融等重点领域开展合作。这一系列措施使"一带一路"建设越来越融入全球生态环境的保护和清洁美丽世界的建设，不仅为全球气候治理搭建了目标可及的平台和框架，更为构建人类命运共同体提供了生态路径和道义支点。在这个过程中，中国政府和中国青年都取得了亮眼的成绩。

### 1. 有力政府

第一，援助埃塞俄比亚遥感卫星系统。2016年，时任埃塞俄比亚科学与技术部部长的阿比·艾哈迈德向中国提出了一个特殊但诚恳的请求：希望中国能够捐助一颗卫星，帮助埃塞俄比亚提高应对气候变化能力。接到请求后，中国高度重视，本着应对气候变化是负责任大国应尽的国际义务，经过各方多次沟通协调，最终同意了埃塞俄比亚的请求。2016年10月4日，双方签署了关于援助埃塞俄比亚遥感卫星系统用于应对气候变化的谅解备忘录。2020年3月，卫星ETRSS-1系统正式交付埃塞俄比亚，这是中国第一颗援外卫星，也是埃塞俄比亚拥有的第一颗卫星。从亚的斯亚贝巴到德雷达瓦，从祖克拉火山到库卡湖，从艾丁德尔国家森林公园到阿瓦什野生动物保护区，通过卫星系统对埃塞俄比亚的城市、自然生态环境、农业种植实现了大范围、动态监测，为埃塞俄比农业规划、林业监测、水资源保护及灾害预防与救助提供了有效的技术支持手段。毋庸置疑，援埃塞俄比亚卫星系统项目是落实习近平主席巴黎气候大会重要讲话精神和加强"一带一路"国家在技术领域合作的重要举措，对于加强气候变化南南合作、提升双边关系、为全球应对气候变化贡献更多中国智慧和中国方案等具有重要意义。

第二，向巴基斯坦捐赠家用太阳能设备。巴基斯坦南部沿海的瓜达尔港，由于缺水缺电，虽有良好的区位优势而长期未能充分发挥作用，当地人世代以渔业为生，努力满足温饱。近年来，随着瓜达尔港被确立为中巴经济走廊重点项目，港区、瓜达尔自由区和周边设施建设不断取得进展。2021年7月5日，瓜达尔港的多个项目集中举行开工仪式。除了基础设施和工厂项目外，中巴双方还签署了两份援助文件，其中一份就是中国生态环境部向巴方捐赠家用太阳能设备谅解备忘录。这已经是中方第二次向巴方援助家用太阳能设备了。中方援助的太阳能光伏系统和LED灯切实解决了当地许多家庭的用电和照明问题，得到民众高度认可。

图1 埃塞俄比亚恩托托空间天文台地面站

第三，帮助建设柬埔寨低碳示范区项目。2015年，中国宣布在发展中国家开展10个低碳示范区、

100 个减缓和适应气候变化项目及 1000 个应对气候变化培训名额的"十百千"项目。柬埔寨低碳示范区是其中第一个实施落地的低碳示范区项目，目标是在整个西港范围内进行低碳化建设改造。示范区建设首批物资于 2020 年 12 月抵柬，2021 年 8 月全部投入使用，除了太阳能发电设备，还有 10 套环境监测设备和 200 辆电动摩托车。根据中柬双方 2019 年 11 月签署的谅解备忘录，中方通过向柬方援助相关设备和物资、提供能力建设培训、与柬方共同编制低碳示范区建设方案的方式，帮助柬埔寨提高应对气候变化能力。柬埔寨环境部环境知识和信息总司司长乔·帕里斯作为柬方代表全程参与了示范区建设。他对中方提供的援助赞不绝口，"中国援助的绿色光源照亮了西港，帮助柬埔寨迈出了应对气候变化的重要一步"，"通过共建低碳示范区，西港乃至柬埔寨全国都将积累绿色发展的经验。无论是基于柬中友好传统，还是在南南合作框架下，柬中应对气候变化的合作都将在未来不断深化。"

第四，帮助建设老挝万象赛色塔低碳示范区项目。万象赛色塔低碳示范区依托赛色塔综合开发区而建，是中国在发展中国家开展的低碳示范区合作项目之一。赛色塔综合开发区占地面积 11.5 平方公里，是中老两国政府间重点合作项目，也是老挝的国家级经济特区，承载了工业园区和万象新城的功能，吸引了来自不同国家的企业入驻。在 2021 年 11 月举行的《联合国气候变化框架公约》第二十六次缔约方大会期间，中国和老挝代表团签署了一份接收证书，标志着中国向老挝万象赛色塔低碳示范区捐赠的首批物资成功交付，包括 5 套环境监测设备和 2000 套太阳能 LED 路灯。对此，老挝自然资源与环境部计划与财务司副司长苏纳德·苏加伦表示，"通过'引进来'能让老挝人民受益，将为老挝应对气候变化提供大力支持。"赛色塔低碳示范区已然成为两国合作中一道亮丽的风景线，随着以中老铁路为骨干、万象赛色塔综合开发区和磨憨一磨丁经济合作区为两翼的中老经济走廊建设持续推进，两国在应对气候变化领域的合作将迎来更广阔的前景。

图 2 在巴基斯坦瓜达尔港，中方人员进行家用太阳能设备安装演示

图 3 中方人员向東方技术人员讲解颗粒物分析仪
采样部分的基本结构和原理

图 4 老挝万象赛色塔综合开发区

## 2. 有为青年

不仅中国政府在积极行动，中国青年也在推进共建"一带一路"绿色发展中崭露头角，主要表现在广泛的国际交流、组织活动和技术支持上。

2021 年 6 月 25 日，在"一带一路"绿色发展国际联盟倡导下，以"生物多样性保护与气候行动"为主题的"一带一路"青年绿色使者对话活动在北京举行。本次活动旨在加强"一带一路"国家青年对全球环境问题的认识，提升青年在环境保护、气候治理等方面的参与度与能力。会上，来自中国、巴基斯坦、泰国等 16 个"一带一路"国家的青年代表通过线上线下相结合的方式参与活动。在交流过程中，参会代表纷纷肯定了中国在推进绿色发展中的重要作用，并进一步明晰了青年职责。值得注意的是，本次活动也是 2021 年"绿色丝路使者计划"活动之一。

2021 年 12 月 12 日，第六届"一带一路"国际青年论坛在韩国首尔与中国甘肃省兰州市以线上线下的方式成功举办。本次论坛的主题为"生态保护和全球合作"，其中一个重要议题就是：青年在生态保护和生态多样性中的作用。参会嘉宾表示，希望各国青年们能够成为环境大使，自觉承担生态文明建设的责任，并发挥国际团结精神，共同保护环境，促进生态文明。参会青年也就这一议题展开了深刻讨论，积极发表自己的见解，以期为生态事业作出贡献。

放眼世界，立足浙大。浙江大学在气候治理相关的学生组织方面颇有建树。浙江大学学生节能减排协会以"节能减排"为创社宗旨，以"宣传绿色环保、实践节能低碳"为理念，积极开展涉及环保和节能的活动，为大家创建了一个"节能减排"为主旨的交流合作平台。浙江大学学生还组成了绿色浙江大学生联盟团队，提出了"气候变化 2030 青年行动"项目，希望通过构建高校行动网络、普及气候变化知识、推动绿色校园建设、广泛开展公共宣传、赋能青年领导行动等路径来解决这一社会问题。此外，还有许多浙大人也积极参与到应对气候变化事业中。例如，化学工程与生物工程学院 2018 级博士生刘凡，从硕士到博士，始终坚定地选择二氧化碳捕集技术作为研究方向。他成功研制出基于功能化离子液体和有机溶剂构成的高效低耗 $CO_2$ 复合吸收体系，取得了突破性进展。

图 5 "一带一路"青年绿色使者对话活动

图 6 第六届"一带一路"国际青年论坛

图 7 "气候变化 2030 青年行动"项目　　　　　图 8 刘凡正在做报告

## 三、结语

我国高度重视应对气候变化工作，统筹国内国际两个大局，将应对气候变化融入国家经济社会发展大局，坚持人与自然和谐共生，坚持绿色发展，坚持系统治理，坚持以人为本，坚持多边主义，坚持共同但有区别的责任原则，取得了突出的工作成效。但我们也要清醒认识到，我国在气候变化战略实施过程中也存在一些问题，需要进一步解决，以更好地推动应对气候变化工作的开展。在此，提出国内和国际两个方面的展望。

### （一）国内

第一，进一步完善法律法规。我国应对气候变化工作缺乏上位法，支撑碳市场建设和运行的《碳排放权交易管理条例》也尚未正式出台。法律的不完善不仅影响政策制定的效力，也影响我国应对气候变化各项工作向纵深推进。相关部门需要加强与立法机构的深度互动，加强政策和技术层面的协同创新，强化相关和相近领域的政策协调，加强与人大代表与政协委员的互动，建立多渠道的立法建议机制，通过修改与应对气候变化相关的法律法规，将应对气候变化内容融入其中，特别是环境保护与能源发展等领域的法律法规，确保应对气候变化相关工作有法可依。

第二，进一步强化政策协同力度。我国在真正应对气候变化方面，目前的各项政策仍显得较为薄弱而且分散，专属应对气候变化领域的碳市场等政策工具的运用尚未起到四两拨千斤的作用。我们只有完善政策举措，使资金流向绿色、低碳、环保的产业以及有助于提升基础设施、能源、公众健康抵御气候风险的领域，才能够更有效地应对气候变化。与此同时，应对气候变化的政策还需要和相近领域的政策如环境和能源等领域充分协调整合，与可能存在冲突的政策如经济和民生等领域政策需要磨合形成合力。

第三，进一步完善科技支撑体系。与发达国家相比，我国气候技术创新能力还比较低，特别是在气候技术标准、气候技术研发基础设施、气候技术人才等方面还存在不小的差距。因此，我们要加强气候科研工作，充实队伍，更新设备，加快推动气候变化科技支撑体系建设，加快应对气候变化科技创新步伐，加大低碳产业关键技术等领域研发力度与推广应用，完善科技支撑体系。

第四，进一步夯实社会支撑。目前，公众从认知到行动还存在着很多障碍，全社会的生产和生活方式仍然相对粗放。政府需要加大公共服务购买力度，通过适当的财政资金撬动更多的社会力量投入到应对气候变化的行动中，通过社会组织的作用来带动更多的群体、企业、社区、基层政府等积极开展应对气候变化的行动。

## （二）国际

第一，进一步提升国际化程度。长期以来，国际社会针对我国应对气候变化的立场和行动存在质疑，国际社会要求我国承担更多国际责任的愿望也越发强烈。我们需要汲取国际绿色低碳发展经验，推动国内各项工作朝着国际化、标准化、专业化方向发展，贡献中国智慧，为全球应对气候变化事业作出中国贡献。

第二，进一步提升全球气候治理的话语权。我们需要提出一些有影响力并能为其他国家人民接受的新理念新范畴，将中国的绿色发展与全球生态安全有机地结合起来，使中国的生态文明建设理念和经验为全世界可持续发展提供重要借鉴，从而为解决全球生态环境问题贡献中国方案，推动全球气候治理不断向前发展。

第三，进一步加强与发展中国家的团结。我们必须注意到，由于发展中国家的国情千差万别，在应对气候变化问题上也存在一些分歧。因此，我们应当努力加强与发展中国家的合作，使广大发展中国家一起为全球合作应对气候变化贡献力量。在国际气候谈判中，我们要同发展中国家保持协商沟通，反对不平衡的案文，以积极的建设性态度推动相关公约和协定的具体落实。

## 参考文献

[1] 李志斐，董亮，张海滨. 中国参与国际气候治理 30 年回顾 [J]. 中国人口·资源与环境，2021，31（9）：202-210.

[2] 刘杰. 中国在全球气候治理中的角色演进 [J]. 区域治理，2021（40）：62-64.

[3] 巴里·布赞，崔顺姬. 全球气候治理：中国的黄金机遇 [J]. 国际展望，2021，13（6）：1-9+145.

[4] 肖兰兰. 碳中和背景下的全球气候治理：中国推动构建人类命运共同体的生态路径 [J]. 福建师范大学学报（哲学社会科学版），2022，233（2）：33-42+169-170.

## 评语

　　这个案例比较好地阐述了选题的意义和背景，对于中国参与全球气候治理的过程、推进"一带一路"绿色发展做了较为详细的论述，展现了中国在参与"一带一路"共建国家绿色发展方面的技术、人才和政策的支持，突出展现了浙江大学学子在致力于全球气候治理和绿色发展方面所做的努力。案例主要强调了绿色和气候治理，可以在已有案例基础上归纳出绿色发展合作模式，并阐述绿色发展合作对于经济可持续发展的影响。

## 2.3 参营感想

　　在国际素养提升训练营结业仪式后，同学们提交了此次训练营的个人学习感想与收获，也对训练营的未来开展提出了建议。集中学习充实而短暂，但大家明白了国际素养的提升是一个长期性、发展性的命题。毋庸置疑，这次训练营在同学们心中埋下了一个"国际化"的种子，激励大家在今后不断学习，提升自己的全球竞争力。

何旻晏

　　本次训练营虽为国际素养提升培训，但处处落脚仍是祖国。第一天便有关于中国传统文化的讲座，在老师幽默风趣的讲解下，五千年底蕴的文化生动而活泼。无论是全球竞争力提升，还是跨文化沟通，都体现着我们对祖国和中华优秀传统文化的热爱与担当。国家与个人是密不可分的整体。对于我们，国家就是一艘船。这艘船，载我们穿过漫长的岁月。岁月不会倒流，前方永远是陌生的水域，但也正是因为乘坐在这艘坚固而熟悉的船上，我们才拥有安心的力量。四周时而风平浪静，时而波涛汹涌，但只要这艘船是牢固的，沿途就是美丽的风景。人世命运莫测，但与这个好的国家为伴，莫测的命运仿佛也不复可怕。境外国人收到的抗疫礼包、撤侨时骄傲展示的中国护照……国际化中，祖国始终是身后坚固不移的墙壁。而中国作为世界第二大经济体，如今的重点是增强话语权，传播好中国故事，发出中国声音。在此次疫情中，更是体现出了发出国家声音的重要性。当我们哑口时，便只剩下他人推特上意味不明的"China"。而继续传播好中国故事、发出祖国最强音的任务，将是我们这一代义不容辞的责任。

1

李祎哲

　　我愿意用"镜"的概念来形容国际素养。首先，它是一架望远镜：具备出色国际素养的人，更容易窥见广袤的星河，遍历人类所生存的地球上正在发生的事件，因而能以更综合、全面的思维去看待人类生存与发展之种种要害，并寻求共同的答案；其次，它是一台显微镜，助人以更为敏锐的视角，切入纷繁交错的时局，剥茧抽丝，寻找真正的病因；最后，它也是一面等身镜，置身于飞速发展的社会，我们需要常去追问自己：我真实的形象应当是怎样，我究竟扮演着怎样的角色…… 同时，国际素养也是我们手中的话筒，借助它，我们交流、沟通、合作的意向能够传遍世界，而不至于湮灭在隆隆噪声之中。手握话筒，我们也应当理智地思考，要以怎样的方式、发出怎样的声音。这样的一门艺术，值得我们用一生去探索并践行。

# 国际素养提升训练营感悟

| 孙家昊

　　新冠疫情之下，国际格局瞬息万变。我国在全力遏制住本国的疫情之际，也在积极向其他国家伸出援手。尽管一部分国家对我国表示感谢与支持，但仍然存在一定的反对势力在国际舞台上恶意攻击抹黑我国，使我国处于十分不利的位置。为了在国际领域发出中国声音，培养具备国际素养的人才显得尤为重要。此次浙江大学国际素养提升中心训练营，就给了那些希望未来站到国际舞台讲好中国故事、具有国际视野的学生们一个良好的平台，帮助他们初步形成一个正确的国际观。

　　在全球竞争力提升主题上，我直观感受到当今国际竞争何其激烈。我国若想要行稳致远，并且提升国际地位、掌握更多的国际话语权，既要全面刺激经济活力、保持经济平稳增长，也要坚持我国的科教兴国战略，保持我国在信息和通信技术方面已经领先的优势。

　　关于中国传统文化——王阳明及其心学思想的课程讲授，既让我感慨中华文化博大精深，又给我的心灵极大启发。无论做什么事，包括追求自己的财富或者地位时，都要建立在良知的基础上。运用不道德的手段达成的目的，都是可耻的、违背良知的，本质上也是违背本心的，不利于人的身心健康。学了心学以后，心外无物才是终极目标。只盯着外物，会活得很累很辛苦，所以我们应当追求修整自己的内心，剔除心中的杂念，净化自己的灵魂，这样才能活得充实。在王阳明的思想当中，生活里的很多忙乱与失败，都是得失心在作祟。急功近利的社会里，人们手忙脚乱，带来了紧张感，往往会把事情弄得一团糟。如果得失心太重，只想要好的结果，那么事情很容易会被办砸。泰然处之、平和应对，得失起伏本来就是人生常态，只要尽力而为，顺其自然就好。

　　既然要在国际场合为中国发声，讲好中国故事，那么流利的外语和优秀的演讲技巧是打动观众、引起共鸣的必要技能之一。文章结构构思、准确用词、仪态、手势、表情、语速等各个因素都会极大地影响观众的观看体验，也决定了你传播观点的目的是否能达成。在听完这堂课以后我对做英语演讲有了一个全面的理解，以后可以更好地抓住重点和关键要素来传递自己的想法。

　　在中国外交这堂课上，我清晰地看到了中国与美国这世界两大强国之间激烈的竞争对抗与合作。很明显，近些年来美国对我国敌意升级，力求在国际场合全方位地打压我国，遏制我国的发展。我国在面对恶意打击时，必然不能屈服退让，但是我们要建立在和平发展的基础上，以理服人。两国之间虽然存在竞争对立的关系，但是我们也不能割裂与美国的合作。双方之间的发展，需要取长补短，美国确实在很多领域先进于我国，我们要虚心学习其长处，取其

精华，去其糟粕，为我国社会主义建设添砖加瓦。

在学习了国家安全观这门课以后，我发现国家安全这个话题离我们并不遥远。为了我国稳定长久发展，维护国家安全有着极高的战略地位。我们作为公民更是有责任抵抗敌对势力对我国安全的危害，也要坚决保守国家机密，积极举报破坏我国安全的行为。

我国改革开放以后，与国际的交流越来越深入，中国公民无论是在外经商还是求学都并不罕见了，世界各地都能看得到中华儿女的身影。在这种大背景下，文化间的差异也造就了跨文化交流的障碍。不同地区的人在思维方式、表达习惯等方面都有巨大的差异，我们想要消除误解，提高沟通的效率，正确地传达想表达的信息，就一定要分析出造成跨文化沟通障碍的原因，学习理解对方的思维模式，设身处地感受对方的立场，才可以尽力消除沟通表达的障碍，促进文化间的交流与合作。

总之在参加完本次训练营之后，我开阔了国际视野，形成了一个基本的国际观，也希望经过此次学习培养起来的国际素养能更好地帮助我未来参与国际交流工作，使我能更好地在国际舞台上为我国发声。

# 国际素养提升训练营感悟

| 库特鲁克

　　当前语境下，"国际化"遍布各处，有"教育国际化""经济国际化""城市国际化"……我们身处的城市杭州也在借 2022 年亚运会之力着力建设国际化城市。对于一座城市而言，国际化不仅仅意味着经济发达，更指向了类似于法律、教育、文化、医疗、环境、公共服务等领域的国际化。而在这背后，更是市民综合素养的国际化，因为，人且只有人才是城市的核心，只有生活在这里的人，才能真正诠释城市的精神内涵，让人领略到城市的国际化气质。

　　从这样的背景与定位下来审视，就不难理解高校将"国际素养"作为培养学生综合素养的核心内容之一的现实意义。杭州这样一个以现代化、国际化自立的城市所培养出来的人才理应与城市定位相吻合。于是，我怀着探寻"到底何为'国际素养'？该如何来真正认识'国际素养'？"的心态，参与了浙江大学首届国际化素养提升训练班。

　　由人文、政治、外语等大类组成的课程结构，比如对中美关系的讲解课、跨文化沟通课程以及地道的全英写作课，可以发现，国际化素养的背后是一个复杂但有秩序的"网"，不同学科门类相互交叉、融合，让"网"更牢固可靠。留下印象最深的还是那几节全英课。在长期接受"课本上的英语课"后，这种脱离课本并高于课本的英语课往往干货更丰富也更有意义，虽然一节课受时长限制会让我觉得意犹未尽，但老师地道的英式发音和精确的表达让我难忘。关于英文书面写作，我的体会是首先有足够多的输入和自己的思考作为基石，在此基础上设法运用准确的词汇及语段才能写出有深度和内涵的文本，同时我认为写作是口语的一种更高级形式，源于口语但高于口语，口语的重要性也由此体现。可能大多数人因内心的羞涩或畏惧犯错而不敢开口，但日常交流作为主要使用场景时，口语的最终目是让对方听懂，而长期受诸多外界因素的影响，不开口表达必然影响写作能力。

　　身边其实处处都有跨文化的影子，跨文化无非就是"对于与本民族文化有差异或冲突的文化现象、风俗、习惯等有充分正确的认识，并在此基础上以包容的态度予以接受与适应"。"充分正确的认识"要求我们不光要了解，还要充分理解，形成认知，才可以做到"认识"。这种认识不光可以建立在与外国友人的交际之中，同时完全可以用在与身边来自五湖四海的不同民族同学相处上，可以起到提升共同体意识、强化交际纽带的作用，我受益非凡！

　　虽然已经结课，我还是无法给"国际素养"一词下一个十分准确的定义，但可以对它的基本内核进行提炼与梳理。比如，它要求一个人具有全球视野与胸怀，具有与国际文化对接、交流、沟通的能力，具有相应的创新、务实能力，具有终身学习的能力，能够不断吸收新思维、新观点等。概而言之，国际素养要求更加开阔的视野。

# 看见以及看见之外

| 张子宜

二〇〇〇年，于世纪之交，逢千禧变换，如今已逾二十载。

我是伴随新世纪、新千年一起成长的学子，大部分的求是青年也处在这一阶段，这一新旧交替的时代。我们在中国文化的浸润中成长，从第一首"举头望明月，低头思故乡"开始，如今可能是"独上江楼思悄然，月光如水水如天。同来望月人何处，风景依稀似去年"，也不缺中式礼仪、中国音乐。自然，我们也接受了不胜枚举的西方现当代文化，我们欣赏不明所以而又浪漫的印象主义画作，我们接触朦胧细腻的西方现代书籍、诗作。

文化的交融交织，使得 21 世纪变得独有韵味而又显得有些光怪陆离。21 世纪是个独特的也不会再有的世纪，它创造出一个更为稳固的链子，联系了内与外、东方与西方。在这个时代，国际素养、跨文化交流沟通的能力显得尤为重要。

夏季已至，万物至此已然成熟，渴慕热烈日光倾城，希冀滂沱大雨酣畅，洗绿的梧桐，途经的闷热的风，伴随着这些，我度过了为期三天的国际素养训练营生活，虽然短暂，但我的确收获良多。

首先，我明白的是尊重。

"全球观不一定是要懂外语，但一定要尊重和理解不同文化。"诚然，我认为尊重的最重要的一点就是不能贴标签，不能把某个事物单独拎出来讨论，特殊化对待已经是一种极大的不尊重。我们很爱说"黑人"这个词儿，而对于其他种族，我们好像不太爱直接称呼别人是"白人"或者是"黄人"，在我看来，这样的特殊化词语就是在将一个群体赤裸裸地单独划出来，用审视的眼神在观察。我很不喜欢。

第二点，我想说说文化自信。说国际素养，我却从国内的文化素养说起，似乎不太合理，但其实我们只有先往回看，先了解我们自己，才能有更大的能量走向世界，此时，国际素养才是能够展现出来的。

其实，直到今天，文化自卑感都是长长又常常地存在着的。

就拿新冠疫情中的一件小事说吧——

疫情之下，同样是对疫情重灾区的祝福，从日本漂洋过海而来的物资上书言辞隽永值得回味的"山川异域，风月同天"，中国只言短促有力振奋人心的"武汉加油"，二者本分不出孰优孰劣，也不该去分孰优孰劣，何必偏执地比较从而折损中国人的自信呢？有些文章甚至大放厥词，称"中国人几乎丧失了说话的能力"。

　　在我看来任何语句都是对疫情重灾区人民、地区真诚美好的祝福与期待，日本韵味深长的诗词是出于日本所看重的礼节，他们用恰当的方式和日本长屋亲王的词句来表达中日两国间的友好关系，而中国喊出的"武汉加油"则是面向国人的宣传口号，听到这一声短促有力的源于心底的呐喊，无论何地，无论何时，我都能感受到疫情情况的危急紧迫和真心祝福的共情。"山川异域，风月同天"我想都是中华文化的内核，若非要把文化共情贬低为一种文化自卑，既粗鄙无礼，又有着狭隘的世界观，此想法和理念，都大大不可取。

　　文化自信是对本土文化的正确认知与客观对待。数十年、数百年的文化自卑感使得文化支离破碎、文化自信所剩无几。所幸，"礼失，求诸野"，江湖还有奇人隐者、诗酒一代，还有人无声记录、坚守自信。大禹治水、后羿射日、嫦娥奔月、精卫填海的故事还在中华大地上闪闪发光，"纵有千古，横有八荒，前途似海，来日方长"，《国家宝藏》《经典咏流传》《朗读者》一系列节目推出、热播，我们重新燃起了重塑文化自信的希望之火，或许"重塑"一词用得并不那么准确精准，不需要重塑，文化自信一直存在，只是大或小、多或少的区别吧。千般荒凉，以此为梦，万里蹀躞，以此为归。

从课堂上学到的更多关于国际素养、英文写作、演讲、跨文化沟通交流的知识，我想，在此处不必过多赘述。说句实话，三天的时间很短，短到或许我真的没有学到什么很有用、很受益的知识，但我想，最重要的是我在这里学到了思想，我愿意更多地去思考、去交流，我脑袋里面好像也萌发出了一些思考，关于政治、关于国际、关于交流，我想，这就是训练营真正想要带给我们的东西。能力和思想本身已然是闪光。

错过线下的交流很是可惜，希望我们有缘再会。

# 国际素养提升训练营个人感悟

| 陈柯铮

在这期国际素养提升训练营中，我从各方面收获了很多，这也与我的专业——国际组织与国际交流契合，之后我的目标是成为一名国际公务员，代表中国在世界舞台上发声。参加这次训练营不仅符合我的职业发展规划，也有助于我更好地了解和参与全球治理，非常感谢学校提供的本次机会。

## （1）对跨文化的理解深入

在实习时，遇到过很多跨文化冲突问题，但是我没有很好解决，归根结底是因为我所在的团队缺乏这种意识，导致了国外的投资人合作不愉快，这也让我反思跨文化交流在企业中的重要性。通过本次国际素养提升训练营李媛老师的讲解，我不仅能够从国际论文发表署名方面进行深入思考，同时也对德国的文化有一个更深入的认识，老师上课生动而且具体，生动地解释了跨文化交际问题，我也在思考在国际交流中高文化语境和低文化语境以及个人主义和集体主义之间的冲突。这些因素都会影响我们的价值判断和价值选择。在当今全球化的时代，跨文化交际意识尤为重要。这种文化意识不仅体现在跨国企业的商事主体和商事规范中，还体现在我们对国家立场的理解和对民族身份的认同中。

## （2）跨文化交际的研究更加明确

当我开始了解这个领域的时候，通常都是基于感性的现象，而没有像老师一样从非常理性的角度去分析跨文化交际的问题和目的，所以跨文化的研讨课程，让我不仅能够从感性层面去认识，我作为研究的一分子，应该如何去促进跨文化交流和多元的学术研究，同样我也对跨文化交际的目的形成了更加深刻的认识。第一方面，跨文化交际可以让人们在面对不同的文化时带有积极理解的态度，因为文化在本质上是跟社会历史和经济有关，我们会发现，通过发现对方文化的不同点，反过来也可以加深我们对自己中华文化的理解。就像训练营中课程的讲解，也会有很多中国的阳明思想，也有很多中西文化的交流和对比，所以我们在发现差异的过程中也要注意不可忽视大量的共同之处。在哲学方面，我们会发现，很多哲学家包括王阳明先生，他们都希望从不同的角度去发掘人类社会和历史的规律，所以文化交流不仅仅是有关我们交际层面的，也是对文化的态度，一种探讨，一种深入的理解。第二方面，在情景的分享和演练中可以提高我们对于变化的适应能力。我在跨文化适应能力方面其实之前做得不是非常好，

在研究方面也多注重于量化，因此对跨文化的案例分析不是很擅长，但是通过本次上课的教授对国内形势的分析和国际局势的理解，包括对美国一些外交政策的深入剖析，我在这方面提高了能力。在这个过程中，各位老师也给我们推荐了很多书籍，提供了许多指导。第三方面，可以有助于我在研究时培养跨文化交际的技能，并且将跨文化研究的案例放在我的日常研究中。因为，在跨文化研究的过程中必然会出现非常多的例子和非常多反映其他方面的微观数据，包括我们对一些突发事情在表情和肢体方面的反应，我觉得这个训练营为我提供了一个技能提升机会，通过这些技能提升，我们可以把研究方向放在如何去让各方面都更加适应上，也就是我们第二点所提到的。我们可以主动地把研究与实践相结合，也可以让更多的人去关注跨文化交际的研究，从而帮助大家尤其是理工科学生理解和提高这种能力。

### （3）深刻的文化历史收获

文化历史领域充满着问题，在当今全球化的背景下，挑战尤甚。我非常关注国际时事，在上课过程中，诸多专家和教授帮我打开了一个新的视角。以前我所认为的国际时事可能只是新闻上的一些报道和一些国家之间的冲突，但是通过参加本次的国际素养培训营，我能够从现象出发发掘背后的本质，也能够从这些新闻的报道中深入了解，寻找资料。各位老师帮助我如何去思考一个事件背后的原因，比如说关于中美贸易战，还有目前中美在一些问题方面的分歧，从梳理历史脉络的角度上说，这对我国之后的双边关系发展是非常有益的，因为我们可以不断地从历史中学到经验。同时，这些经验也可以帮助我们面对未来的不确定性和困难，这对我的职业发展非常重要，这是我能够在国际舞台上发声的基础。第一方面我能够学习补充自身关于国际政治和国际外交方面的基础知识。第二方面我能够通过这次国际素养培训营发现自己在一些问题上的认识不足，课后花时间去弥补知识方面的漏洞。国家安全观对我来说是一个新的视角，之前修过类似的课程，我觉得在国家的安全观和国家立场方面我们必须要坚定不移，同时积极捍卫国家利益和集体利益，这对外交人来说是非常关键的。我们希望用外语去讲好中国故事，通过外语传达中国的立场，通过我们的交流去传达中国的一些美好的发展和科技的快速进步。国家整体安全观，一方面它对我们国家的主权，包括我们国家在一些问题方面的立场都做了非常清晰的阐释，而且对我们青年学子而言，也是一次极好的学习机会。我们可以从身边的各个方面去热爱我们的祖国，去保卫我们的祖国。另一方面，国家安全观对于整个人类社会和整个国际社会都是一笔宝贵的财富，因为国家安全观的整体利益与联合国的宪章和宗旨都是符合的，而且能够让中国作为一个负责任的大国在国际舞台上贡献更多的中国智慧。

### （4）英语硬实力

对于不同的受众，我在英文演讲方面掌握得不是很好。选题时我可能跑题，也会怀疑自己的主题是否符合这个题目对应的探讨方向。我觉得朱老师的课程能够让我们清晰地认识到应该如何去面对公众去说服他们，而且我也可以发现从书面到口头的一些变化。在语言方面，我觉得我可以调整一下句子结构，在调整一下词汇长度的同时，也调整一下逻辑结构。在这个过程中，我有可能会遇到很多问题，但是不管是我们犯了什么错误，高老师每次都是鼓励我们说出来，这让我对自己更加自信了。在英语的写作方面，我其实有一些问题，包括我在一些语法和句法层面都很难做到像英语母语者一样熟练，这个问题我其实之前有点头痛，但是我在本次国际素养提升训练营得到的答案却是不同的。其实，我们努力地大胆地去表达自己的思想，就已经是非常重要的一环了，在后面，可以通过各种方式来提高水平，比如说小组对练、自己写

作记录、请教老师进行修改、多多阅读、参加有趣的英语角活动。在这个英语写作和演讲的环节我收获的干货是很多的，而且这些干货对我之后的一些面试和参加研讨会都是非常有用的。

我非常感谢这次国际素养训练营，让我在整个的学期末能够对我之前所学的内容进行一次总结，而且还可以让我发现学科之间的交叉以及人们在历史文化中的一些共同点。我想立足中国、放眼世界就是我们这次训练营的初衷之一，也是我们青年外交人最好的写照。

浙江大学
ZHEJIANG UNIVERSITY
浙江大学国际素养提升
第一期“国际素养提升
AND UNDERGRADUATE GLOBAL COMPETENCY
浙江大学求是学院
QIUSHI COLLEGE
ZHEJIANG UNIVERSITY

# 前路何处去？国际素养提升训练营个人感悟

| 霍鸣悦

　　我依然清晰地记得当时看到第一期国际素养提升训练营的报名推文时，抑制不住内心的欣喜。惊讶于学校有心通过专门的训练营模式与大量讲座，系统性地提高校内学生的国际素养能力水平。一时间又理解了我校在努力通过点滴行动践行培养"德智体美劳全面发展的具有全球竞争力的国际人才"育人目标。此刻对于这个长期对跨文化交流有着丰富兴趣，并的确拥有一定实践经验的我来说，能够系统地了解跨文化知识，提升国际素养，是多么可遇而不可求的机遇，我当机立断抓住了它。

　　我依旧难以忘记多位师长在开幕式上对当今时代的探讨与对我们前路的展望。的确，在国际环境中世界正经历百年未有之大变局，而此时此刻中国又处在现代化建设向纵深发展的历史转折时期。逆全球化与保护主义抬头，民粹主义在各国不断发酵，一场全球大流行病又将一切潜藏在各国社会中的不平等不公正推上台面。面对风起云涌的国际环境，单一文化环境领域塑造出的理解力已经完全不足以理解各个国家各种群体的行为方式与利益诉求，而缺乏跨文化沟通能力的新一代年轻人同样也很难适应未来你中有我、我中有你的国际社会环境。这个时代的年轻群体在未来会面临更加棘手复杂的问题，肩负更大的使命和责任，其任何行为和语言也会在国际平台上具有更广泛的影响力。培养具有扎实跨文化沟通能力的未来接班人，可对未来我国能够更好融入国际社会、掌握国际话语权做好准备，青年人也应该借此机会提升自身素养，更好适应未来国际社会。

　　在训练营线上学习的完整三天里，我感慨于线上同学们调侃的"错亿"：没能跟各领域学界高手面对面对话，缺乏互动的线上听讲又难以让人持久专注，很多有趣又深刻的内容缺乏现场学习时全神贯注的感悟理解。总觉得隔着一个屏幕，把我们的世界都隔开了。

　　但是我又如此珍惜这次的各种课程讲座的学习。

　　犹记第一节课卓越校友原远分享的跨文化职业规划分享，通过校友自身丰富的经验和对中国企业入世的历史脉络连缀使我更能从时间维度看待中国企业的现在与未来，给我这个初入大学的新手另一个视野角度的职业规划建议，给了我未来走入国际企业、参与国际互动的信心和勇气，对我非常有帮助。

　　很感谢何其蒙教授深入全面地对王阳明与浙大文化的探讨讲述，从中国传统文化角度探寻我们文化的世界性与普适性，在文化交流碰撞的时代给了我很强的文化自信与作为浙大人的社会责任感。

我依然难以忘记余逊达老师带来的"中国外交——认识中美关系"这一堂课。在中美矛盾冲突不断激化的今天，只有真正认知美国，知己知彼，才能更理性清晰地认知中美关系与中美矛盾。而余老师正是基于此给我们上了一堂中国外交的大课！虽然只是短短两小时，但我能感受到我的大脑一直在高速运转，真正从各个维度完整地认识了美国与中国这么多年的交往历程。我也能够更清晰地定位中国发展与中美关系、中美立场，能够更理性和宽视野地了解世界。

英语演讲、英语写作与内涵最多最丰富的跨文化沟通课程给了我更多实践层面的理论依据与实践建议。老师通过各种生动有趣的案例和她自己的留学经历，真正从沟通本身、文化层面等深层剖析了跨文化沟通的处境与影响因素，将我长期以来仅仅由经验积累所得的自发理解转化为系统科学的理论根基，并为我未来在跨文化沟通领域前行铺就了一条更稳定的路。

前路该何处去？

我们都理解仅仅三天的课程不能够使所学透彻地融入生活与认知。只能说通过这些指导性课程，给我们这些有跨文化意识与需求的学生一个最好的引子，激发我们的兴趣，扩展我们的思维，指引我们在未来更多地去主动探索未知领域。我想，参加本次活动对我来说意义重大。它不仅提升了我在国际交流、跨文化认知方面的思路与能力水平，还给了我对自己未来肩负责任和使命的坚定信念。只有更多地了解国际环境，才能够给自己更清晰的人生定位。而我，一定不要做被时代浪潮打翻的小辈，是一定要做那一批引领国际潮流最强"后浪"的一分子。

未来的路还很长。

前路何处去？我还会继续探寻。

# 国际素养提升训练营感悟

| 林敬凯

在本次国际素养训练营中，我有幸参加线上的课堂。虽然不像线下的互动交流那样有感觉，但是在线上却拥有另外一片天地，认识的人群和增长的知识都不太一样。

在这次的训练营中有许多收益，其中我认为收获最大的课堂是余老师的如何理解中美关系的小专题。作为一个不太了解政治（我本人也不太愿意去了解宏观的形式）的人，余老师从 10 个角度让我们认识美国，形式非常新颖，开阔了我的眼界。在疫情防控期间，我比较关注美国的情况，认为美国的情况，包括联邦政府的反应、人民的回应以及 black lives matter 的运动，实际上这一切都和三权分立，联邦政府、州和地方政府相互独立又相互联系以及美国优先、白人优先等美国专属的特点有非常大的关系。之后，与中国的关系，从各个科目和课外资料都可以看出，美国在二战后处于霸主地位，作为霸主，就拥有非常多的特权。因此，对于任何可能威胁美国地位的国家，美国虽远必诛，从这个角度就能够了解美国的角度和出发点。美国在外贸方面制裁其他国家的措施有大名鼎鼎的关税，20 世纪 70 年代对付日本汽车行业的 VES 和 301 和 337 条款。在贸易战中，美国也经常性地加关税和发出 301 和 337 调查，在 2017 年"301"调查针对航空航天、通信技术、机械制造

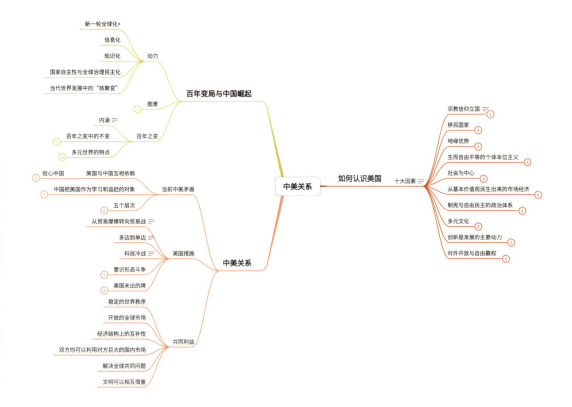

与《中国制造 2025》，因为美国认为中国通过公平和不公平行为，在高新技术领域进行进口替代，随后占领全球市场，对美国不利，从而需要遏制这项计划的发生。关于中美的关系我就简单讲到这里。上图是一个自己整理的知识导图，以供参考。

在跨文化交流的专题，写作和 public speaking 中的小课堂中，我认为我的收获没有像中美关系的收获那么大。首先以上的课堂基本上都是实践性的课堂，属于"素养类"课程，不是一两天的 power course 可以养成的。其次，我本人是来自多民族、多种族、多文化的新加坡，跨文化交流对我而言属于习以为常，天天遇到的事。但是这些课程将我平时悟到、学到的琐碎的小要点串联起来，也认识到其他人的视角，尤其是老师在德国的经历，这些都非常有意思。在老师的带领和分享中，我萌生了学习一门第二外语的想法。

最后，对课程来一点点评吧：

1）课程本身含金量非常高，课程内容非常吸引人。

2）师生的质量都极其高，线上的同学相对而言比较积极一些。

3）课程可能缺乏课堂互动，可能在今后可以增加一下。

4）经统计留学生也只有 13 位，也许可以和国教院进行更深度的合作，吸引留学生资源，从而达到更好的跨文化沟通的效果。

以上是我简短的心得，谢谢。

# 国际素养提升训练营感悟

| 马艺方

与提升训练营内大多数刚进入大学的同学不太一样，我是一名食品科学专业的大三学生。在浙大的过去两年里，国际素养培养并不在我对自己的显性要求之中。直至大三上学期在一门主修专业课上，负责授课的专业老师课上聊及国际平台时，说道："我们专业的学生有机会都应该去到国际组织这样的平台上，只有这样的高度才能真正拓宽自己的专业视野与格局，而不是仅仅局限于现状。"不知为什么，这句话在我耳边久久回响，让我重新思考自己作为食品人的责任。也正是从那以后，国际组织进入我对未来的设想中。

与那些早已立志的学弟学妹相比，目前我为之做的准备十分有限，因此当了解到这个培训班时，即使面临着各方面压力，深思熟虑后还是决心报名。不过如今回看，这绝对是一个极其明智的决定。最开始看到排课安排时，第一感觉课程内容还比较抽象，且时间较短、覆盖面较宽，使我对自己通过几天课程就真正提高国际素养还持有怀疑态度。因此，起初我对自己的要求主要是领略老师同学的思维高度，对比自己与他人的差距，从而更客观地看待自己，进一步对自己有更清晰可行的规划。第一节课的优秀青年导师原远从亲身经历讲起，让同学们能够真实体会到国际素养从理论落到实践的可能性。何善蒙老师的王阳明专题，不仅让我们对浙大求是精神有了更深入的学习，还使我们对中国文化以及自我的人生意义都有了更成熟的理解。"君子治学无关乎异同，唯求其是。"这一思想也一直影响着我，让我能够更加踏实地学习，清醒地思考。外院男神朱晓宇老师的课堂也十分精彩，也真正做到了授人以鱼不如授人以渔。当我们有真正想要表达的东西时，其他所有困扰我们的问题，如演讲的主题、演讲的情绪、演讲的方式等，都会迎刃而解。而比起这些，nothing to sharing or no massage to give 才是真正应该解决的问题。余逊达老师干货满满的课堂让我对中美关系有了更成体系的理解，同时对百年变局也有了更深刻的体会，并学会从不同的国际立场思考中国形象。而出生于和平岁月的我，也从当今中国的国际处境中产生了极强的危机感与责任感。写作课使我学会了很多书面表达的技巧，并更深刻地体会到阅读与阅历的重要性。浙大四大名嘴余潇枫老师的非传统安全专题让我对总体国家安全观有了更加立体、多层次的理解。除了课程相关的知识内容，余潇枫老师的素质教育理论、危机应对理论以及思维高度等都令我惊叹。对所学知识不仅要知道自己是否有学习不到位的地方，还需要思考老师是否有讲得不对的地方，以及更重要的是自己是否能从所学的内容中提出新的内容或提炼新的总结。李媛老师连续两天的跨文化沟通专题，让我从极具趣味性的案例以及几个简单却不失深刻的交流模型中对国际素养有了初步专业的理解。同时李媛老师上课也强调，跨文化交流是一件需要一生去实践的事情。比起再多的知识，对文化差异的敏感、自我的反思以及对不同文化的包容才是更为重要的。即使因为文化差异导致矛盾，也可以通过沟通去消解。两种文化之上的新文化空间才是我们应该追求的多元文化的未来。从原来的混杂体中提炼形成新的空间，只有在这样的高度，我们才能俯视原有的两种文化，并汲取两者的精华。最后从线下同学的结课展示与交流中我也受益匪浅，无论是非洲友人文青，还是博士生学长抑或是其他的学弟学妹，从他们的身上我能体会到每个人的思考。作为一名工科本科生，我的资历较浅，在对自然科学的接受上一直处于比较被动的状态，其实很难体会到一个并无太多科研经验的青年在专业领域能够发挥的推动作用。但通过逐渐接触不同专业的知识以及此次提升班的学习，让我对于像我这样的工科生能够发挥的能动作用有了新的理解，而这次训练营也确实成为我实现梦想更高的起点。虽然全球仍在新冠疫情的水深火热中，但这次线上培训的经历，使我在此次全球非传统安全危机中真实体会到什么叫在危机中遇新机，在变局中遇新局。

最后非常感谢国际素养提升训练营这一平台以及所有的老师与同学。虽然仅是第一期，但课程的设置却远远超乎我的意料。希望国际素养提升训练营能够越办越好，同时也想就这次体验提出自己的几个建议。

一是希望像这类短、频、快的培养平台能够保持其开放性。就像李媛老师上课说的，国际素养应该是每个人的常识。但由于"国际素养"这一说法与国人的思想感情始终有距离感，因此这一平台应该为打破这一模式做出努力，为更多的学生提供机会接触国际素养，尤其是浙大的学生更应该具有成熟的国际认知水平。同时也正如余潇枫老师上课所说，这像是埋在心里的种子，在未来遇到阳光与雨露自然会发芽开花。因此，余老师的话也应该成为国际素养培训中心持续科学办学始终秉持的理念。

二是如余潇枫老师上课所说，要想真正提高学生素质，应该在后续设置初高级班。在浙大的重视与推动下，这一想法在不久的未来应该会得以实现。

三是希望此类短、频、快的课程安排能够考虑留出更多的讨论交流模块，这样的设置可能会使得平台的办学效果得到更大的提升。

# 国际素养提升训练营感悟

杜梦冉

国际素养究竟为何？中国外交的历史与现在是怎样的？国际化人才又该符合怎样的要求？怎样的人适合于国际组织领域的工作？我是否适合国际化工作？等等等等，此番问题，在参加训练营之前一直围绕着我。

于是，带着这些问题，我报名参加了 2021 年 5 月的国际组织提升训练营。我们进行了 1 天的集中理论学习与暑期的分组实践。可以说，从疑问谜团，到理论点津，再到实践探究，这个训练营不愧于它的名字——"国际素养提升"。

虽然略带遗憾，由于疫情我们不能全组共同前往上海的世博展览馆和杭州的 OSS 国际协作中心一探国际性会展场地的究竟，但是最终我们以离散型的分组形式在浙江省内省外的各地完成了 1~3 人组的社会实践，以更加微观的深入了解，完成了这一次的社会实践。

我前往了温州的三信国际控股集团有限公司。该公司能为印刷包装业提供设备，材料和解决方案，同时为客户策划投资方案和售后技术培训、维护、保修及零配件供应等服务，而对于我们重要的是该公司聚焦于东南亚地区，其关注的国际贸易领域对于我们的国际素养的提升也有其价值和意义。我与该公司的温州总经理负责人进行了交流和采访，了解其公司长期以来的国际经营理念和透过该公司所展现的东南亚地区的中外交流状况，感受亚洲共同体的现实状况，以及在特殊的疫情冲击下的紧急应对措施与变化。

比如，在疫情防控期间，三信集团便承担了服务连接企业的接力棒，为企业承担全方位的服务——信息服务、物流配送服务、机械设备安装调试、人员差遣服务、配件及其他材料服务。可想而知，如果没有这些每一个普普通通的国际贸易企业在疫情之下的工作，整个全球贸易体系的运转都将受到阻碍和抑制。在全球化的当下，世界已然连成一个网，谁也离不开谁。这既是优势也带来了问题，而在这成为现实的问题背景下，我们需要顺其利而导之。

比如，在信息互联和疫情封闭的当下，三信先是进行了"互联网"的线上培训，接着便展开了一系列的互联网＋学习线上交流分享会，在疫情的闭锁之下，带来了更多的新渠道联通和开创。正如经理本人所言："拿着旧地图，不可能找到新大陆；沿着旧思维，不可能开创新局面。"问题是会带来滑坡和困难，但问题就在于是否能够改变思路、创建新地图，而让本身的弱点和困难转而变成其优势和价值。

　　学习与创新，是一种不断更新与螺旋式上升。经理还告诉我，他们经常会前往各公司和合作企业进行学习和交流，这背后也是国际化交流的重要因素——以尊重的态度面对不同的个体，以学习的姿态真诚交流，宏观层面的中西当如此，微观层面的企业也是如此。等等等等，许多朴素但又闪闪发光的价值观——诚信、真诚、学习、责任，在企业中酝酿、在我心中也逐渐积淀，而未来我也将同样地继续实践下去。我想，这是社会实践于我的最大价值。

# 实践·感悟·成长

| 孔一博

　　成长，是一种经历；经历，是一种人生的体验。在这次国际素养提升营的暑期社会实践中，自己第一次负责脚本准备、采访稿撰写和视频剪辑。在这短短的日子里，和大家一起学习，一起成长，经历了一段美好的时光。

## 实践，忙乱中的充实

这次参加的求是学院国际素养训练营"聚焦中国外交，展现中国崛起"社会实践活动聚焦国家战略，服务社会建设，弘扬奉献精神。项目组织学员用国际化的视角，围绕训练营主题，组队设计确定暑期实践方案，发掘家乡资源，讲好中国故事，提升文化自信，高扬主旋律，传播正能量。

作为路线 C 组成员，我们小组前期决定出四期关于中国近十年外交大事的视频，作为正式实践的预热，也让我迎来了上大学以来诸多的"第一次"，第一次写脚本，第一次负责视频剪辑，第一次尝试英语配音……这诸多"第一次"任务带来的毫无经验的茫然感让前期准备中的我经常手忙脚乱，安排不当。但也是这难能可贵的社会实践小白身份，让前期准备中的我会去突击学习镜头语言，会去琢磨每个名词的翻译，也会去寻找不同视角下的中国外交大事。能够在任何自己未接触的领域，都带着小白的心态认真而诚恳地学习。

这种种手忙脚乱的准备也都在出发正式调研的经历中得到了反馈。从视频到采访，从调研到沟通，正是有了前期忙乱而踏实的准备，正式调研显得格外顺利。

## 感悟，家门口的亚运

因为疫情影响，团队对调研的地方进行了调整，我最终选择了家乡附近的临浦体育馆和前孔村作为我这次的调研地点。

杭州市承办 2022 年第十九届亚运会无疑是杭州发展史上的大事，亚运会的举办将显著提高杭州的国际知名度，促进杭州经济、政治、文化的全面发展，并将进一步推动奥林匹克运动在中国的发展。为了迎接亚运会，杭州市也部署了一系列城市基础设施建设的完善工程。

我的家乡临浦位于杭州萧山南边的郊区，镇体育馆曾经承办过 2004 年世界杯乒乓赛，有过举办大型体育赛事的经验。对于这次的亚运会，临浦镇人民政府也是积极争取承办名额，最终争取到了柔道、柔术、克柔术三项重要赛事的承办资格。一确认资格，临浦镇政府就开启了体育馆的改造工作，对体育馆周围的建筑进行了全面检查和翻新，前孔村也开始了一系列村庄翻新、居民安顿、礼仪培训、亚运知识培训的工作。临浦镇的小学中学、个体企业里也掀起了一股打卡"体育馆"的风尚。临浦镇为承办柔术项目都做足了全方位的准备。相信这次的亚运会会让世界看到杭州不一样的风采。

## 成长，反思与总结

瓦茨曾言："人凭借思考而能变成神，反躬自省是通向美德和上帝的途径。"这次的社会实践除了让我对党的政策和现代史有了更深的了解外，也对社会生活有了一定的了解和接触。校园里我们学习的多是理论知识，而将所学的知识应用到实践中又会有不一样的体验。所有的想象都是虚无缥缈的，只有自己亲身实践过，才会有清醒的认识，明白自己的不足和缺点。通过实践你可以发现自己从未发现的方面，或许是需要改正的习惯，更或许是某个被掩盖的亮点，更重要的是，通过实践，学习到了很多必备的社会生活技能。这是一次难能可贵的成长经历，以后有机会，我也会更加积极地参加这样的活动，让自己认识社会、适应社会。

# 国际素养提升训练营感悟

| 李昕怡

　　此次社会实践我与同学们一起制作了《浙里中国》宣传片，从政治、经济、文化、社会这四个方面详细介绍了近五年来中国的复兴之路，中国与其他国家进行的更加深入的交流和更加广泛的合作。从 2016 年到 2021 年，是中国政治、经济、文化全面发展、遍地开花的五年，更是中国政府承担大国责任、彰显大国担当的五年。《巴黎协定》、G20 峰会、"一带一路"国际合作高峰论坛、金砖国家会晤、上海合作组织峰会，中国推进大国协调合作，切实抓好周边外交工作，践行正确义利观和真实亲诚理念，高举和平、发展、合作、共赢旗帜，以实际行动再一次向世界证明了中国追求和平、推动合作、共同繁荣的信念，推动构建人类命运共同体的决心。中国政府和中国人民愿与世界各国人民一道，共同为维护和促进人类的和平、发展与进步事业而不懈努力。

　　在回家之后，我参观了家乡的党史陈列馆，重温党的历史，也了解到家乡人民英勇抗战的事迹。徜徉在陈列馆，党史的脉络和细节清晰而生动地展现在我的眼前。馆中陈列的一段段珍贵的文字，一幅幅泛黄的老照片，一件件承载了历史记忆的文物都让我对党的艰辛历程有了更加深刻的了解，也对建党以来所取得的成绩感到由衷的崇敬。从 20 世纪中国共产党早期组织建立，到如今正在谱写的中国梦篇章，党史、国史不是远离现实的过眼烟云，而是党领导人民在长期实践中创造的思想文化遗产和宝贵精神财富。作为大学生，我们要了解社会，深入基层，认真地学习党和国家的方针政策，学习"三个代表"，学习科学发展观，学习习近平新时代中国特色社会主义思想等基本理论，为促进我国国民经济的发展和中华民族的伟大复兴作出应有的贡献。此次实践之行，是学院给了我机会，也给了我们极大的支持和信任。我们作为国家的后继力量，只有懂得全面地发展自己，把理论与实际相结合，才能更好地投入到祖国的建设中去，才能对得起养育我们、教育我们、影响我们的祖国。在全面深化改革、全面建成小康的历史进程中，党史、国史是最好的"清醒剂"和"营养剂"，我们会从历史中汲取开拓前进的智慧和力量。

　　家乡的党史陈列馆展厅展出的珍贵文字、老照片、承载历史记忆的文物，立体、生动、形象地展示了中国共产党波澜壮阔而又绚丽多彩的光辉历史。一路走、一路看，这部"走着读"的地方党史，让我深受感染和震撼。此次"青春向党逐梦行"社会实践让我增加了对党史的了解，也坚定了我服务社会建设、国家发展的决心。

　　这次社会实践让我体会到，我们不应该是象牙塔里不能受风吹雨打的花朵。社会实践的磨炼让我更加深深地认识到社会是一所更能锻炼人的综合性大学，只有正确地深入社会、了解社会、服务于社会、投身到社会实践中去，才能使我们更好地发现自身的不足，为今后走出校门、踏进社会奠定良好的基础；才能使我们学有所用，在实践中成才，在服务中成长，并有效地为社会服务，体现大学生的自身价值。所以我认为今后的工作就是在过去社会实践活动经验的基础上，不断拓展社会实践活动范围，挖掘实践活动培养人才的潜力，坚持社会实践与了解国情，服务社会相结合，为国家、民族、社会的全面发展出谋划策。社会实践是我们一笔巨大的财富，让我认识到只有到实践中去、到基层中去，把个人的命运同社会、同国家的命运联系起来，才是青年成长成才的正确之路。

# 国际素养提升训练营感悟

| 向德彬

　　2021 年 7 月 16 日习近平应邀出席亚太经合组织领导人非正式会议并发表讲话,"立足新发展阶段、贯彻新发展理念、构建新发展格局,建设更高水平开放型经济新体制,创造更具吸引力的营商环境,推进高质量共建'一带一路',同世界和亚太各国实现更高水平的互利共赢",把我的思绪牵回到了国际素养提升训练营现场。在训练营里,有汗水,也有收获,虽然训练营已经结束,但是点点情形,历历在目。

　　参加训练营之前,我没有想到这次训练营能给我带来巨大的惊喜。训练营的上课形式和内容丰富多样,还有理论课程与社会实践的深度结合,既有国家留学基金管理委员会原副秘书长张宁、浙江大学学生国际化能力培养基地秘书处执行主任、跨文化与区域研究所副所长李佳等专业的老师在不同领域开设的主题讲座;也有优秀青年代表依据个人经历和知识举办的在国际组织工作的经验分享会;除此之外,还有令人激动的 2016 年G20 杭州峰会的观展之旅和赞叹惊奇的世界互联网大会会场乌镇的科技之行。最重要的是我们通过多种形式将所学所闻所感传递给世界,跨时空感受国际合作与交流的深层次魅力。

　　正如习近平主席在亚太经合组织领导人非正式会议上的讲话上所提到的:合作共赢,开放发展,可持续发展,创新与挑战,这也是我参与此次训练营的心得收获。李佳教授关于国际政治新走向和中国新外交的主题讲座阐明了在目前一超多强的世界格局下,尤其是在我国经济发展迅猛,综合国力显著提升,中美贸易战的紧张世界格局下,积极与多边国家合作共赢,发展多边经济,改变世界对中国"经济怪兽"的刻板印象,显得尤为重要。与此同时,坚持可持续发展战略,走经济健康稳定的发展道路,对于国家的长治久安、实力稳步提高有极其重要的意义。在这种发展格局下,作为担当未来发展使命的青年,应当如祖良荣博士所讲,提升核心素质:品德、能力、人脉,努力提高自我情商、智商、德商,了解自我与他人、社会的关系,做到知己以识人,自胜以胜人,成为全球青年领袖,并不断提升自我,了解社会,成为未来的国际领导者,践行联合国的青年可持续发展战略。

　　在实践环节中,G20 峰会会场体现了我国合作开放的外交态度,会场的建筑设计以"礼、和、仁"为核心,通过对中国传统礼乐思想的形象化诠释,向世界展现了中国开放友好、合作共赢的对外交流态度,正如习近平主席所说,世界经济应当是创新性的、开放性的、全球性的,作为青年的我们,能力和视野也应当是创新、开放、全球性的。乌镇则从创新驱动可持续发展方面给我们上了一次生动实在的科技创造未来的主题课。在互联网 + 大数据 + 人工智能 + 超级算力的整体技术架构下,实现了各行各业的转型升级,极大提升了系统的性能,也创造了很多新型服务模式、商业模式、管理模式等。在技术不断得到发展时,一些新技术又不断产生,实现了创新驱动的良性循环,这也正是科技发展、社会进步的可持续动力。

　　此次国际素养提升训练营已经结束,短短的几天,我收获了很多:既学到了专业的知识,又拓宽了自己的视野,发现了自己的不足,最重要的是明白了实现自我可持续发展的方法——积极学习,主动创新,合作共赢。成为国际青年领导者还有很长的路要走,但我坚信理想的力量是无穷的,只要我保持探索,努力提升,总有一天,我会站在属于自己的舞台中央!

# 国际素养提升训练营感悟

朱熠璠

在训练营的三天时间里，我深切地感受到了何谓心怀国之大者，何谓"想国家之所想，及国家之所及"。上课的老师们都在向我们传递着一个共同的观点——我们浙大学子需要站在世界的角度看中国，也需要站在中国的角度看世界，时刻做到心有家国，胸怀天下，立足中国，在将来走向世界。

在国际胜任力课程中，我看到了"内知国情，外知世界"的重要性，懂得了学习区域国别学的意义在于真正用自己的眼睛去看世界，让自己的发展与时代同频共振；在跨文化沟通课程中，我看到了国际组织实际上是维护国家主权与核心利益的无硝烟的战场，中国青年理当在国际组织中发出中国声音，做到心里有梦、眼里有光、肩上有责、手上有劲；在总体国家安全观与非传统安全课程中，我明白了所谓领袖，不是一个职位，而是一种能力，是一种解决两难困境的能力，是找到第三条道路的能力，而研究安全不仅仅是为了获取知识，更是为了培养领导的能力……

我知道国际素养的养成不是一个短期速成的事情，仅靠短短三天的时间，我无法真正成为具有国际视野的高素质人才与领导者，但是我想这次的训练营已经在我的心中播下了一颗种子，一颗渴望在国际舞台上传播中国声音、讲好中国故事的种子，一颗渴望拓展自己的全球视野和开放意识的种子。

泱泱华夏，海晏河清。作为新时代的青年，我们当不负勇往，在岁月静好之时担当起时代的重任，担起"强国有我，请党放心"的责任，让中国一直在国际舞台上发光发热。

杨佳悦

———————————————————————

　　虽然本次训练营只有三天，但却是干货满满，我也收获颇丰。从赵可金教授详细的区域国别概论，到李媛老师对国际胜任力的介绍，再到李佳老师对国际局势的分析；从余潇枫教授的非传统安全讲解，到张应杭教授对我国优秀传统文化的细致解读；从吕悠加老师的黄金圈理论，到朱晓宇老师的英语演讲技巧，我们无一不从中学到了很多。而让我感悟最为深刻的还是 28 日的讲座。

　　拥有工科和哲学交叉学科背景的余潇枫教授在讲座伊始就让我对他强大的知识储备和先进的思想观念产生敬佩之情。余教授提到，目前非传统安全在安全问题中占据主流，并且随着时代的进步，各种问题交织，又形成了新问题。而我们研究非传统安全，最终目的却是"治未病"。张应杭教授则带领我们进行了一次我国古代哲学之旅，他讲了"儒""道""佛"三派，每一派又提炼出三个最重要的内涵，引经据典，结合事例，让我们对我国古代哲学有了新的理解。我们更加珍视这文化瑰宝，不仅要继承古代哲学中的精华，更要发扬光大之。

　　几个小时，我感觉已经周游了世界。

　　我觉得这是很不可思议的一天。早上，我被余教授大胆前卫的哲学思想震撼，听他讲全球性的安全问题，听他提出解决问题的各种模型，最后落脚点竟然是《黄帝内经》的"治未病"。下午，一来到会场，看见张教授正从包里掏出他的折扇，那种刻在骨子里的学问之渊博，从他的外表窥得一二，但他并不是老学究，精通英文，非常理智地看待不同文化，并对中华文化抱有自信。

　　最震撼我的，除了早中晚一整天的课程，还有前两位教授一中一西，一含蓄一热情，两个人竟然站在一起合影，交谈甚欢。我突然觉得这不就是"各美其美，美人之美，美美与共，天下大同"的缩影嘛！中国之于世界、世界之于中国都有其意义所在。

　　尊重差异，理解个性，合作共赢。这是我参加本期训练营最大的感悟！

雷旭

---

通过这次国际素养提高训练营的学习，我有幸聆听了不同学科专业各具特色的老师围绕国际素养的授课。这些课程丰富了我的见闻，让我了解到世界之大，不同地区不同国家的迥然不同，让我认识到活跃在世界上的国际力量，让我重新看待新时代国家和个人的机遇与挑战，让我领略到中国优秀传统文化的深刻魅力，让我的外语沟通能力和国际思维能力等国际素养得到了提高。

其中，我印象最深的是李媛老师的"全球胜任力与跨文化沟通"一课。在这堂课上，李媛老师生动而详细地介绍了沟通的几类模型，由此让我们认识到跨文化沟通的重要与困难，并教授我们如何从不同维度认识国家与国家之间的差异，从而为实现良好的跨文化沟通打下基础。让我不断回想的是李老师介绍了不同的国际组织，并告诉了我们国际组织招收职员的素养要求。

我也是在这堂课上才第一次了解到原来中国在联合国等国际组织中的代表性严重不足。这堂课激发了我的热情，让我看见参与到国际组织中去也是一条实现价值的道路。之前，对于国际组织的认知很浅显，对于它们能在这个世界中扮演的角色和发挥的力量也一无所知。诚然，与统一又稳固的国家和政府相比，国际组织似乎显得如同空壳，然而，国际组织在不同国家之间斡旋、联合各国力量共同解决问题的能力其实是不可忽视的。

这让我想到习近平总书记构建人类命运共同体的伟大构想。国际组织不正是为实现这种伟大构想可以努力的力量之一吗？每一个道德完善的人，都具有兼济天下的胸怀与理想，而国际组织正是可以让这种胸怀与理想找到其在现实中的恰当位置。

2015年，习近平总书记提出，中国要更积极地参与到国际事务中去。那么对于一个中国人而言，他也需要以更广阔的国际视野、更积极的参与态度、更高水平的国际素养与国家的呼吸同频共振。我认为，一个可以为国家和世界作出贡献的人，一定同时是一个民族主义者和一个国际主义者。坚定捍卫自己国家的利益，是民族主义的一面，这是桨；积极博取全人类的共同进步，是国际主义的一面，这是帆；而我们就是一艘艘航行在时代海浪上的船！

感谢这次训练营，让我获得了如此宝贵的体验，让我对自身、对国家、对世界都有了更深的认识。我将永远铭记这三天的学习。

杜钰璇

本次国际素养提升训练营的时间虽然有限，但丰富多样的课程、幽默风趣的老师以及团队合作式的活动安排都让我收获颇丰，耳目一新。下面我将从以上三个方面浅谈我的感悟与建议。

首先在课程方面，在为期三天的训练营中，我们所上的课程主要涉及区域国别学研究、非传统安全、文化自信、跨文化沟通以及外交等方面的知识。总体来说，课程内容比较充实，触及的领域也较为广泛全面，极大地开阔了我的国际视野，同时也填补了我在相关方面的知识空白。纵观全部课程，可以发现它们大多是对不同的专业知识进行的框架大纲式的建构，这样虽然能够在有限的时间内帮助我们尽快了解各模块的基本内容，但无法给人留下特别深刻的印象。因此我建议老师稍微减少搭构框架的时间，尽可能从一个较小的视角切入，更加细致深入地讲解相关知识，这样或许可以给人留下更为深刻的印象和更具启发性。

其次在授课老师的选择方面，每门课程的老师都是各领域的精英，因此我十分荣幸能够聆听诸位"大牛"讲课。他们秉持端正的育人理念，用各自擅长的授课方式将知识娓娓道来。其中令我印象最为深刻的是余潇枫教授所讲的"非传统安全面面观"。余教授巧妙地采用讲故事的诙谐方式将我们引入非传统安全的世界，持续地抛出问题以启发我们自主思考。在强调非传统安全紧迫性的同时，也对身为新时代青年的我们寄予了厚望。

最后在活动安排方面，训练营在提升营员国际素养的同时也十分注重培养我们的团队合作能力。我们在小组讨论时各抒己见，在分配任务时各取所长，在展示成果时勠力同心……在此过程中，我见证了团队合作的磅礴力量，结识了不少志同道合的同伴，沟通协调能力也随之增强。因此我认为可以适当加大团队合作在活动安排中的比重，不仅限于最后的小组案例展示。

总而言之，我十分庆幸自己能够参与这次的训练营活动，它打开了我通往国际世界的大门，将极大地影响我日后人生道路的选择。

占碧杏

国际素养提升训练营，如其名，在其中我学到了很多国际化的知识。平时生活中我专注于眼前的小世界——学校以及更大点的杭州，只有在看国际新闻时才会打开视野，因此通过这期训练营，我感受到这个世界上许许多多其他的国家真真切切存在着。为期3天的培训，让我短暂地打开了视野，试着用更广阔和更高的思维来看世界。国际化视野、格局和素质不是短短三天就能培养的，站在世界的角度看世界要成为一种习惯性的思维方式，那就必须深入到各方面，让它真的成为一种习惯，这也正是需要训练和努力的。感谢有学校这样好的平台，能给我这次机会。

上课的每位老师各有各的风采。中学阶段就接触过简单的区域国别的概念，知道不同区域间的宗教信仰、文化传统、政治经济、意识形态等都是不同的。赵可金教授让我更深入了解了这个概念以及各区域比较典型的差别。正因为有差别，跨文化沟通就显得十分重要和必要。全球胜任力，正是我们所要培养的东西。个人感受最深的是余潇枫教授和张应杭教授的讲授。非传统安全的概念很有意思，这对理解一些时政热点问题如中美关系、乌克兰局势等很有意义，可以让我从另外的角度去理解这些问题。张应杭教授有一种儒家文化渲染下的学者风范。中学阶段的语文老师就强调过儒、道、佛的中华传统思想。中国人深受儒、道、佛文化体系的影响，在外交上也必然展现出儒、道、佛文化的风采。现在一直在谈文化自信和中华优秀传统文化的批判性继承和创新性发展，而在这个国际素养提升训练中，立足于自身的文化，学习好自身的文化是必要而且必须的。

课程安排上，小组展示是一个很好的形式，对于小组展示的内容，我希望能够有老师专门指导一下。为期3天的训练，虽觉得有些难以尽兴，但也收获颇多。不甘于如此的浅尝辄止，我会努力将这份格局和胸怀传承下去。

朱晶晶

在参与国际素养提升训练营前，我预想的是会在训练营中学到中国目前面临的复杂形势，了解中国与其他国家和地区的关系。在正式参与后，一方面是预期的疑惑得到了解答，知道了中国在国际组织中人员严重不足的现状，中国与不同的国家和地区发展不同的外交关系的需要。另一方面，参与训练营让我进入了区域国别学概论、非传统安全等新的领域，学会使用全球胜任力、跨文化沟通等新的思考方式。

在整个训练营中，令我印象最为深刻的是"文化自信语境下的优秀传统文化继承创新"与"非传统安全面面观"两次课程。对于前一课程，我最初想着就是在中国视角看世界，但是在老先生授课时才知道这里的中国传统文化不是宽泛的传统文化，是"道"的现世价值。而"道"也不是通常所说的道家之道，是"孔夫子主义"的以德为正、以和为贵的"道"；道家的自然、阴阳、若水之"道"；佛家的无常、因果、因缘之"道"。在丛林法则盛行的国际世界，将"道"的精神传播发扬是我国做好参与国际事务、引领国际发展的重要方式之一。

对于后一课程，老师独特的授课方式让我体会到了老师的学术热情与国际精神。在课程期间，老师热情地与我们互动，调动了课堂氛围。同时，老师分享了追求唯一、专一、第一的过程，他的国际化学术态度让我印象深刻。

在为期三天的小组合作中，我也是几乎从零开始了解了我国在国际组织中为减贫作出的努力。我国奉行"授人以鱼不如授人以渔"的理念，将创新与援助事业结合，体现了大国担当。

通过整个训练营，我真的收获满满，如果要提意见的话，我会很期待能有外国的老师参与授课，因为我认为在国际素养提升中与外籍老师交流是很重要的一环。

林昱彤

提升国际素养、提高全球竞争力是我们每一位浙大学子的"必修课"。提升国际传播能力对于学习新闻学专业且有出国深造计划的我来说更为迫切。于是，在公众号上看到相关消息后，我便毫不犹豫地报名了本期国际素养提升训练营，并有幸成为营员。

3天的课程，虽有些劳累，但收获颇丰，受益匪浅。清华大学赵可金教授带我们走进区域国别学的"他者逻辑"。李媛教授让我们对国际组织的作用和中国在国际组织中的人才现状有了更先进、更全面、更深刻的了解，我们通过对"3+8+6"和"4+5"两个版本的联合国全球胜任力框架进行比较讨论，对从哪些方面以及如何落实国际胜任力的提升有了更具体的思考和规划。余潇枫教授的上课模式最有意思，他向我们提出了存在为什么不是不存在的哲学问题，为我们讲授了"唯一、专一、第一"的成功万能公式——现阶段我们要确定唯一的目标，并从此专注这一领域，把学问做精做深，努力做到第一，方可接近成功。张应杭教授结合现实经历将儒、道、佛三派的经典娓娓道来，向我们讲述了文化自信语境下的优秀传统文化继承创新。新东方的吕老师团队为我们讲解了黄金圈理论，并通过理论＋实操的互动式课堂向我们介绍了好莱坞式、乔布斯式、林肯式三种西方叙事逻辑和多元文化背景下如何用西方逻辑讲好中国故事。朱晓宇老师也通过多彩的课堂互动让我们对英语演讲的长期与短期训练有了更加深刻的体验。李佳老师对国际政治与中国外交方面的知识做了生动形象的讲授。训练营最后是由各组进行轮流展示、由以徐雪英教授为首的评委们进行点评的集体课堂——中国参与国际事务的案例分享。从各组的交流中，我们对孔子学院、全球减贫、气候治理、女性发展援助、教育对外援助等议题中的中国参与有了更深入的理解。

我认为本次课程安排充实，但是时间安排较为紧张，建议稍作调整。

提升国际素养是一个任重道远的历程，我们会以此次训练营为起点，站在巨人的肩膀上，看得更高更远，争做具有跨文化沟通能力、全球竞争力和全球胜任力的国际传播人才和国际组织精英。

叶晨扬

三天的国际素养提升训练营，可谓包罗万象、干货满满，使我得到了多方面的提升。

第一，提升了国际化意识。训练营首日的"区域国别学概论"和"全球胜任力与跨文化沟通"两堂课，从多元文化和国家需求两方面出发，让我得以站在理解差异、求同存异的角度看世界，也让我认识到拥有这种视角的人才的紧缺，从而增进了我将来主动学习国际化相关内容的主动性。

第二，提升了对中华优秀传统文化的自信。"文化自信语境下的优秀传统文化继承创新"这门课将儒、释、道三家的核心思想放在国际的高度，淋漓尽致地展现了中华文化和中国智慧对全人类的意义，使我推动中华优秀传统文化"走出去"的底气更强、信心更足、决心更坚定。

第三，提升了语言交际能力。"沟通"被联合国排在核心素养的第一位，这个国际素养提升训练营的课程无不体现了对"沟通""交际"的重视。"多元文化背景下的英语演讲：用西方逻辑讲中国故事"这门课教授了"黄金圈"理论和相关模板，使我们掌握了有效沟通的有力工具；"英语演讲的长期与短期训练"这门课指导了我们在英语公开场合演讲的学习方法和方向；不少课程贯穿中英双语，凸显了语言学习的重要性和地位。

第四，提升了小组合作能力。"合作"同样是联合国要求的核心素养之一，也为这个训练营所把握。这个训练营摆脱了传统的讲座模式，将我们分成5个小组，在形式上强调合作；每个小组都需提交小组的共同作业，完成这个作业的过程就是一个合作的过程；课堂常有讨论，既避免了讲授者一味灌输的弊端，也增进了合作的意识。

总的来说，三天的经历是收获满满的，也是热血澎湃的。我将时刻铭记浙江大学对人才的培养目标之———成为具有国际竞争力的领导人才。与其说课程的结束是终点，不如说是一个伟大的起点：我将顺着课程指引的国际化道路一直走下去，走出个人风采，走出中国风度，走出人类理想。

## 胡安澜

参加国际素养提升训练营，整体来说，我收获颇丰。这个活动让假期的三天变得很充实。各位名师的课程，为案例分享查阅的资料，以及与优秀的助教和同学们的交流，使我开阔了视野，增长了见识。非常感谢求是学院和国际素养提升中心能够举办一个这么好的活动，通过这个活动，我也能感受到老师们为这个训练营倾注的心血与热情。但就个人感受来看，这个活动的宣传力度不足，身边的一些同学对此活动的举办并不知情。而清华大学赵可金老师的"区域国别学概论"，由于线上授课原因，效果不如线下的课程，且课程开始时间由于一些意外原因稍有延迟，课堂上仅仅被动听讲缺少互动，并且将一门知识容量很大的课程浓缩在短短几个课时中接受的难度自然会大。李佳老师的"国际政治与中国外交"，与赵可金老师的"区域国别学概论"相似，课程理论性较强，且都将大容量的知识浓缩在了短短几个课时，所以接受的难度大。新东方吕悠加老师的"多元文化背景下的英语演讲：用西方逻辑讲中国故事"，黄金圈理论与三大叙事逻辑，虽

然既介绍了理论，又有例子，又进行了实战训练，但是感觉要在平时发言时真正运用这个理论还是有些困难。朱晓宇老师的"英语演讲的长期与短期训练"，正如课程的名称，英语演讲需要长期训练，所以短短一节课带来的影响还是有限的。

在我看来，课程的安排还是非常合理的，既有理论学习又有演讲实战还有最后的案例分享，既有多元的全球文化又有中华传统文化，课程安排别出心裁，授课教师知识渊博且充满魅力。助教认真用心负责，组员团结合作积极。训练营结束时，我真实地有了一种毕业的感觉，有一种不舍离别的伤感，有满满的收获。"区域国别学概论"和"国际政治与中国外交"，都是提升国际素养的过程中不可缺少的重要课程，老师的知识水平和授课水平都非常高，课程干货满满；"多元文化背景下的英语演讲：用西方逻辑讲中国故事"和"英语演讲的长期与短期训练"，都为我们日后英语演讲的继续训练打下了基础、指引了方向——这些才是我真正想说的。我看到了李媛老师对同学们国际素养提升工作的热情和付出，对提升同学们国际

胜任力和为中国培养国际组织人才付出的心血和努力；余潇枫老师别具一格的授课方式，以及他在非传统安全领域具有的非常渊博的知识，让我不仅对于非传统安全的知识从不了解到了解，也促进了其他素质的提升；张应杭老师讲述的国学智慧将我深深吸引，让我对于中华传统文化中的儒家、道家和佛家有了更深刻的认识；徐雪英老师在中国参与国际事务的案例分享环节的点评，让我收获了许多实用的英语展示技巧以及在英语学习和国际素养提升中的宝贵经验。还有主持整个课程的郑尧丽老师，我看到了她的英语才能和国际素养以及对办好这个训练营的认真、投入和付出；五位助教老师，他们优秀的能力和认真负责的态度让我们获益良多，他们引导我们讨论、给予我们建设性的意见和建议，教会了我们很多；还有现场的工作人员，几位小姐姐在背后的默默付出，我们都有目共睹，非常感谢。

　　总而言之，在本期国际素养提升训练营中，我收获颇丰，非常幸运能有这样一次学习的经历。感谢各位老师的辛苦付出！

# 2.4 合影留念

第一期本科学生国际素养提升训练营

**第二期本科学生国际素养提升训练营** ────────────

## 第三期本科学生国际素养提升训练营

# 附录

## 第一期本科学生国际素养提升训练营结业名单

### 线下参营名单

| | | | | | | | | | |
|---|---|---|---|---|---|---|---|---|---|
| 陈慧奇 | 丁真珍 | 韩成诚 | 何 如 | 林宏颖 | 刘一诺 | 盛小俊 | 唐 恺 | 汪天蕴 | 王浩翔 |
| 文 青 | 吴梅子 | 辛宇辰 | 严天怡 | 杨明依 | 余天楹 | 袁泺添 | 张 源 | 张渊博 | |

### 线上参营名单

| | | | | | | | | |
|---|---|---|---|---|---|---|---|---|
| 白佳怡 | 边洋震 | 曹思慧 | 陈鸿翼 | 陈佳妮 | 陈柯燊 | 陈品策 | 陈若昀 | 陈烁存 | 陈晓晖 |
| 陈子瑜 | 程 雷 | 储昭卫 | 褚琴涛 | 单泽静 | 邓嘉宁 | 邓雯曦 | 丁云弋 | 董磊锘 | 段诗昊 |
| 樊妍舒 | 范晨晖 | 方慧仪 | 方 轲 | 傅千函 | 傅荣美 | 高一笑 | 葛欣然 | 葛欣懿 | 龚奕欣 |
| 郭若海 | 郭 帅 | 郭 怡 | 郭泽林 | 韩逸冰 | 何旻晏 | 何思怡 | 何枭睿 | 何欣玲 | 贺 普 |
| 侯思睿 | 胡雨晨 | 胡雨晴 | 胡毓哲 | 黄靖坤 | 黄晓婷 | 霍鸣悦 | 姜凌骁 | 蒋冉晨 | 金道源 |
| 金昕砾 | 金雨萍 | 孔令淏 | 雷 雪 | 黎以佳 | 李方圆 | 李国傲 | 李江晴 | 李 乐 | 李瑞凝 |
| 李瑞晞 | 李韶仪 | 李晓彤 | 李晓璇 | 李祎哲 | 李政男 | 梁潇桐 | 林其欣 | 刘明宇 | 刘 琦 |
| 刘 青 | 刘欣雨 | 刘雅欣 | 刘彦青 | 刘 洋 | 楼佳悦 | 陆凯东 | 吕晋扬 | 吕飘飘 | 吕 彤 |
| 吕 叶 | 马润生 | 马天舒 | 马文萱 | 马玺媛 | 马筱娜 | 马艺方 | 毛诗彪 | 聂若宜 | 平 衡 |
| 钱绮虹 | 钱银盈 | 任俊豪 | 任丽园 | 申 奥 | 沈俐伶 | 沈小丫 | 沈 瑶 | 施润楷 | 史海秀 |
| 孙家昊 | 孙凯文 | 孙 逊 | 唐 渝 | 唐煜珊 | 滕浩文 | 王楚婷 | 王飞燕 | 王佳慧 | 王君妍 |
| 王思懿 | 王维桢 | 王相权 | 王 旭 | 王 瑶 | 王雨婷 | 吴思沛 | 吴溢尘 | 肖 航 | 谢秋怡 |
| 谢 颖 | 辛志乾 | 徐德圣 | 徐 华 | 徐凯琳 | 徐乐天 | 徐孟妮 | 徐心童 | 徐雨潇 | 许煌盛 |
| 许 可 | 许轶可 | 闫振楷 | 颜尔汛 | 杨格儿 | 杨航汪 | 杨思倩 | 杨雨欣 | 杨紫琼 | 姚星宇 |
| 叶静宜 | 叶 珂 | 叶 桐 | 应雨欣 | 余奕姗 | 俞贝博 | 俞盈盈 | 袁浩然 | 袁泺添 | 张宏增 |
| 张慧妤 | 张家宝 | 张凌帆 | 张万霆 | 张宇轩 | 张郁竹 | 张彧嘉 | 张子宜 | 赵佳琦 | 赵珈琦 |
| 赵婧雯 | 赵可凡 | 郑雪秋 | 支美慧 | 周龙珠 | 周昕熠 | 周雪飞 | 周子琪 | 周子越 | 周紫璇 |
| 朱佳瑶 | 朱俊豪 | 朱晓晟 | 卓雨奇 | | | | | | |

ROMARIO KWAME DJAMEH（加纳） 库特鲁克·苏来曼 贾玥江·卡努如

# 第二期本科学生国际素养提升训练营结业名单

### 第一组　邵钰岚（组长）

邓惠文　迪拉热·多力坤　丁静薇　杜梦冉　李昕怡　刘延婷
施雨萌　王宇杨　吴　烁　银　盈　邹鹤鸣

### 第二组　施宇熹（组长）

徐怡宁　查一畅　崔嘉璐　江一博　刘钦卫　潘嘉俐　童汪惠
王　匡　王伊斓　余昕桐　张晗一　宗　珠

### 第三组　巨心怡（组长）

陈　希　迪达尔·阿斯哈尔　丁雨薇　胡歆詠　孔一博　李　凯
买买提阿布都拉·吐鲁洪　Neli Akhobadze（格鲁吉亚）
汪　涛　吴易勋　向德彬　谢谭静　俞澍森　张雅晨

### 留学生参与名单

张庆华（玻利维亚）　郝运（加纳）　ALHAMOUD YASMIN（叙利亚）
Ndeutala Selma Iita（纳米比亚）　欧塔别克（乌兹别克斯坦）
扎瓦克儿（乌兹别克斯坦）　AHRAA SH. HMOOD HMOOD（伊拉克）
LEBCHIR SADDAM（毛里塔尼亚）　Neli Akhobadze（格鲁吉亚）

# 第三期本科学生国际素养提升训练营结业名单

## 第一组 叶 文（组长）

何裕靖　金梓诺　李佳彦　李子璇　刘子齐　潘章胜

宋净虹　魏 和　杨璐西　余馨琳　朱熠璠


## 第二组 周晓馨（组长）

陈 亮　董思航　何翘帆　刘雯丽　潘祎琦　王钦元

吴舒怡　吴玥珂　杨佳悦　钟郑露　周子睿


## 第三组 陈睿璟（组长）

李 时　李 嘉　林昱彤　刘佳丽　刘思源　罗 雯

万姿伊　许淑晗　姚冬旭　张子杰　赵悦琦


## 第四组 米 莱（组长）

陈蕴韵　程梦瑶　杜钰璇　谷雨芄　雷 旭　刘 芃

彭亦冰　王昕然　宣帅君　严 涛　尤格悦　朱晶晶


## 第五组 魏远虹（组长）

邓 婕　郝煜李　胡安澜　李金倬　王熠阳　叶晨扬

占碧杏　张沁语　周乐怡　周梁茗旻　周卓佳

# 英语时政词汇翻译竞赛获奖名单

| 奖项 | 组号 | 组名 | 小组成员 |
|---|---|---|---|
| 一等奖 | 6 组 | 写的都队<br>All Right | 曾馨仪 *、刘旸琛卉<br>刘诗豫、苏尚楠 |
| | 38 组 | 国精班小分队<br>GEP Squad | 刘俊妤 *、陈雨青<br>韩卓君、刘心雨 |
| 二等奖 | 24 组 | 冬月河流队<br>Four Girls | 黄子禾 *、董欣怡<br>刘泽凡、赵越 |
| | 28 组 | 每题都答队<br>Bingo | 傅航颖 *、高佳媛<br>徐翎衲、余馨琳 |
| | 36 组 | 余杭塘路社会主义发展小组<br>Yuhangtang Road Socialist Development Group | 刘佳星 *、万姿伊<br>李笠箫、魏鑫鑫 |
| 三等奖 | 43 组 | 农夫山泉<br>Water | 陈怡静 *、付玉洁<br>章芷悦、苏子壹 |
| | 16 组 | 深南联合生产队<br>Shenzhen-Nanjing Production Brigade | 苏钰琪 *、张馨尹<br>黄钰雯、郭睿天 |
| | 18 组 | 做核酸要排队<br>Waiting in Line to Take a Nucleic Acid Test | 徐在源 *、戚一凡<br>李晋瑜、孙家昊 |
| | 22 组 | 背完就来答记者问<br>lkqers | 黄天骊 *、黄天骐<br>邓子茜、吕霜宁 |
| | 30 组 | 文理兼修队<br>Team WLJX | 祁豫 *、潘思彤<br>上官宇雯、沈丹妮 |
| | 42 组 | 英花朵朵开<br>English Blossom | 汪洁宜 *、曾的妮<br>常韩奕、李丹宬 |
| | 44 组 | 关东组<br>Delicious Oden | 刘诗妍 *、王欣怡<br>王紫寒、童茁野 |

注：* 是组长。

# 后 记

浙江大学本科学生国际素养提升中心成立以来，我们结合"国际素养提升"训练营系列活动的开展，梳理了各位专家老师的课程内容、营员们的学习感悟以及实践体悟，结集出版，于是，就有了《与世界对话——浙里启航》。

感谢浙江大学党委学生工作部和浙江大学学生国际化能力培养基地，与求是学院共同培育了浙江大学本科学生国际素养提升中心这个主要面向低年级本科生的综合素质拓展平台。

感谢所有关心和支持国素中心的领导、老师和嘉宾，让刚进入人生新阶段的求是学子有机会开拓眼界、领略大师智慧。

感谢子菲、王迪、王晓瑞、叶文、李睿、杨涵驿、沈晓华、张亚新、张晨威、陈璞、陈竹韵、周晓馨、赵嵩、赵小妹、符洪波、程思遥、虞睿，以及一直以来倾情投入中心工作的老师们。

感谢 ERIC MUPONA TUNGAMIRAI、丁思涵、王畅、王钦元、巨心怡、任敏峰、闫亚瑾、孙源、李云峰、李嘉妮、杨亦婷、肖煜航、吴倍宁、陈茂文、陈博文、陈睿璟、邵钰岚、金齐川、郑果、郑祉悠、胡温婕、胡锦歆、施宇熹、秦易涵、高澜、萧秀云、魏远虹等国素小分队以及中心组织的成员们，特别感谢连泽纯、胡柯辛两位同学对本书素材收集和资料整理的大力协助。

感谢所有参加训练营并积极提升自我的同学们，你们，是中心真正的未来。

本书能顺利出版，每一步都离不开大家的倾力奉献。由于种种局限，不足之处在所难免，敬请广大读者批评指正。

"从浙里启航，与世界对话"，让我们能说会做，勤学善辩，共同致力于深化中国与世界的文明交流互鉴，推动中华文化更好地走向世界。

Be Able to Articulate and Deliver Results.

Be Diligent in Learning and Critical Thinking.

For a Community of Shared Future for Mankind!